Reinhold Grimm

Von der Armut und vom Regen

Reinhold Grimm

Von der Armut und vom Regen

Rilkes Antwort auf die soziale Frage

Athenäum
1981

Im Gedenken an meine Eltern
Eugen Grimm (1878–1956)
Anna Grimm, geb. Käser (1891–1970)

CIP-Kurztitelaufnahme der Deutschen Bibliothek

Grimm, Reinhold:
Von der Armut und vom Regen : Rilkes Antwort auf d. soziale Frage / Reinhold Grimm. – Königstein/Ts. : Athenäum, 1981.
ISBN 3-7610-8118-9.

Gesamtherstellung: Friedrich Pustet, Regensburg
Printed in Germany
ISBN 3-7610-8118-9

1

„Ich bitte um einen Rilke von innen *und* von außen“, schrieb Karin Struck schon vor etlichen Jahren, als sie ein Buch mit dem Titel *Die Aufzeichnungen des Malte Laurids Brigge* für sich entdeckte.[1] Sie wartet freilich, fürchte ich, noch heute auf ihren doppelten Rilke. Dabei stehen selbst in dessen *Stunden-Buch* von 1905, *enthaltend die drei Bücher Vom mönchischen Leben*[,] *Von der Pilgerschaft* [und] *Von der Armut und vom Tode*, genug Gedichte, die es erlauben, diesen bescheidenen Wunsch zu erfüllen. Man braucht bloß genau zu lesen und einiges Zusätzliche heranzuziehen. Ich will hier jedenfalls, wie bruchstückhaft auch immer, einen solchen Versuch wagen. Die bekannte Schrift von Egon Schwarz, *Das verschluckte Schluchzen: Poesie und Politik bei Rainer Maria Rilke*,[2] kommt zwar bereits, wie sich dann zeigen wird, zu ähnlichen Ergebnissen; sie geht aber eher von außen nach innen als von innen nach außen vor, indem sie mit den „Mussolini-freundlichen Bemerkungen“[3] aus Rilkes *Lettres milanaises*[4] beginnt und mit seinen Aufschwüngen aus den *Duineser Elegien* endet. Ich möchte, schon um Karin Struck ganz zu befriedigen, umgekehrt verfahren und dazu beim *Stunden-Buch* ansetzen. Das Gedicht, das sich in besonderem Maße hierfür eignet, entstammt der Schlußprophetie des dritten Teils, in der das gesamte Werk gipfelt, und hat folgenden Wortlaut:

> DENN sieh: sie werden leben und sich mehren
> und nicht bezwungen werden von der Zeit,
> und werden wachsen wie des Waldes Beeren
> den Boden bergend unter Süßigkeit.
>
> Denn selig sind, die niemals sich entfernten
> und still im Regen standen ohne Dach;
> zu ihnen werden kommen alle Ernten,
> und ihre Frucht wird voll sein tausendfach.
>
> Sie werden dauern über jedes Ende
> und über Reiche, deren Sinn verrinnt,
> und werden sich wie ausgeruhte Hände
> erheben, wenn die Hände aller Stände
> und aller Völker müde sind.
>
> (I, 361)[5]

„Ergriffenheit herrscht und Spott / und Jubel", heißt es bei Hans Magnus Enzensberger, und zwar ebenfalls in gleichsam eschatologischem Zusammenhang. Man darf sein Gedicht „Utopia"[6] hier ruhig zitieren. Denn, nicht wahr, jene *Stunden-Buch*-Verse sind doch wirklich sehr eingängig und also sehr rilkisch, geradezu bestrickend und betörend in ihrer Bildlichkeit und Musikalität? Und dennoch ist ihnen etwas Unechtes, etwas Unstimmiges, etwas irgendwie Falsches eigen. Ergriffenheit herrscht in der Tat – aber durchsetzt mit Zweifel statt Jubel, obschon kaum mit Spott.

Ich gestehe nämlich gern, daß ich für den Reiz dieser Verse weder blind noch taub bin, sowenig wie für ihre handwerkliche Fertigkeit oder auch ihr verheißungsvolles Raunen. Es wäre ein leichtes, Rilkes poetische Leistung im einzelnen darzulegen: von den wohlig sich wiegenden Assonanzen und Alliterationen („und *we*rden *wa*chsen *wi*e des *Wa*ldes *Bee*ren / den *B*oden *be*rgend") über den bannenden Binnen-, ja beinah Schlagreim „Hände aller Stände", der an das berühmte Echo „Stäbe gäbe" aus dem noch berühmteren „Panther" (vgl. I, 505) erinnert, bis hin zu dem krönenden, ungemein gestischen Enjambement „Hände / erheben" oder gar zum biblisch-pathetischen Tonfall des Gedichtganzen, der aus den Segensworten der alttestamentlichen Schöpfungsgeschichte („Seid fruchtbar und mehret euch")[7] und den Seligpreisungen der Bergpredigt („Selig sind die Sanftmütigen; denn sie werden das Erdreich besitzen")[8] ebenso wunderlich wie einschmeichelnd und ausdrucksstark gemischt ist. Wie gesagt, man könnte das alles weitläufig und genüßlich ausbreiten; doch ich glaube, ich darf mir diese interpretatorische Fingerübung schenken.

Zu fragen ist vielmehr, was in Rilkes schönen Versen eigentlich mitgeteilt wird. Wem gilt zum Beispiel ihre Anrede, der beschwörende Imperativ „sieh"? Er bezieht sich wohl entweder, müssen wir folgern, auf den unablässig umkreisten Gott oder einfach zurück auf den Sprechenden, das lyrische Ich, das sich mit sich selber unterhält – und da beide im *Stunden-Buch* ohnehin schwer voneinander zu trennen sind, so mag es bei solch mystischer Mehrdeutigkeit bleiben. Desto eindeutiger ist dafür das homonyme Pronomen, das sich unmittelbar anschließt; denn „sie“, über die in Rilkes Versen geredet wird, sind ohne jede Frage die „Armen“ (vgl. I, 357, 366 u. ä.), von denen es ja namentlich gegen Schluß des Werkes förmlich wimmelt. Es sind jedoch – auch das geht fraglos aus den drei Strophen hervor – die Armen in zweierlei Sinne: einmal im geistlichen des Neuen Testaments, einem religiösen oder theologischen, und zum andern im weltlichen der modernen Gesellschaft, einem historischen oder soziologischen. Rilke spricht von den „Armen“, die in den Evangelien begegnen,[9] und zugleich von den Mühseligen und Beladenen der Gegenwart, die nichts zu essen und kein Dach über dem Kopf haben. Diesen wie jenen wird in seinem Gedicht, falls sie nur geduldig ausharren und „endlich wieder arm“ (I, 355), ja „wirklich“ arm (vgl. I, 356) geworden, weil sozusagen ineinander aufgegangen sind, das Heil der Erhebung und Erlösung verkündet. Ihrer (die obendrein das *corpus mysticum* des Rilkeschen Stunden-Gottes darstellen [vgl. etwa I, 356 f.]) ist dereinst, so dürfen wir fromm zusammenfassen, das Reich und die „Frucht“ und die „Süßigkeit“: im einen *und* im anderen Sinn.

Wie tröstlich! Möchte man nicht selbst ein derartiger Pauper sein, ein begnadeter Hungernder oder auserwählter Obdachloser? Wenn man nämlich gewisse Exegeten hört, gäbe es tatsächlich nichts, was inniger zu wünschen wäre. „Gott und der Mensch treten zurück aus dem Trug, dem Unmaß und der Leere der geschichtlichen Welt in ihre Wirklichkeit“, munkelt etwa, im Hinblick auf die Armen des *Stunden-Buches*, ein Brevier über den „Beter“ Rilke. Denn: „Der letzte Aufstieg des Menschen, das ist der aus Besitz und Zeit zur großen Armut" (vgl. hierzu I, 364). Diese aber gleiche der „Allmacht Gottes" darin, daß sie „alle Fülle in sich" berge.[10] Auch sei, so wird uns anderswo mit bezeichnendem Anklang ans *Bürgerliche Gesetzbuch* anvertraut, das „sachen-rechtliche Haben oder Nichthaben des Materiellen" dabei „ganz gleichgültig". Denn: „Wahre Armut ist nicht das Nicht-Haben [sic] der Güter, sondern das Unabhängigsein von ihnen in der Weise, daß man sie aller Werte, die sie im seelischen Sinne zu bieten vermögen, entriegelt und sie sich innerlich unverlierbar eingeeignet hat." Eine solche „Armut" erscheint nicht nur im Sperrdruck, sondern soll mit dem „Reichtum" buchstäblich identisch sein – oder genauer: mit dem ‚entriegelten' und ‚eingeeigneten' Reichtum, wie es in diesem Traktat über die „Religiosität" des *Stunden-Buches* so preziös wie verräterisch heißt.[11]

Das sind zwei typische Äußerungen der theologisch gestimmten, besitz- und bildungsbürgerlichen Rilke-Gemeinde der zwanziger bis vierziger Jahre. Es war die Zeit, als dem Dichter bereitwillig auch die von ihm selber so sorgsam genährte Legende von seiner Verbalinspiration, dem göttlichen Diktat, unter dem seine Verse angeblich entstanden seien, nachgesprochen wurde.[12] „DENN" – zum dritten und letzten Male – „Armut ist ein großer Glanz aus innen" (I, 356). So lautete damals die allgemeine Losung. Später, in den Nachkriegsjahren, bedachte man zwar diesen „Armutsüberfluß" (I, 358) zunächst mit verlegenem Schweigen, doch ohne deshalb im Umgang mit dem *Stunden-Buch* auf den eingelernten Zungenschlag verzichten zu können. Einen Musterfall liefert der sonst recht einsichtige, ja kritische Schotte Mason, der auf die Rilkeschen Armen keine einzige Silbe verschwendet, aber das Werk insgesamt mit den Worten preist: „It has its unique value as a measuring of immeasurable spaces, as an ardent thinking of unthinkable thoughts, as a tight-rope dance amongst the stars."[13] Derlei, mit Verlaub, ist Geschwätz, bloßer Abhub des pseudoreligiösen Geschwafels und so überhitzt und nichtssagend wie jenes ... wohingegen neuerdings ein ebenso vielsagender wie modisch unterkühlter Jargon und, Wunder über Wunder, eine historisch-soziologische Exegese um sich greifen. Oder müßte ich auch ihr gleich das Prädikat ‚pseudo-' verleihen? Diese andere Form der Erbauung (die nun aber keineswegs mehr klassenspezifisch ist) äußert sich nämlich nicht minder befremdlich und repräsentativ. Man will jetzt, mit dem Titel des dafür aufschlußreichsten Beitrags, unbedingt „Emanzipatorische Aspekte im Werk und Leben Rilkes" aufzeigen und erklärt von ihnen beispielsweise: „Auch wenn sie vor allem individualpsychologisch und existentiell motiviert erscheinen, besitzen oder bewirken sie in ihrer Konsequenz durchaus auch eine gesellschaftliche Relevanz." Da zu solcher Konsequenz, „ganz allgemein gesprochen", schon allein jene „zukunftsoffene Einstellung" genüge,[14] wie sie in unserem Gedicht unstreitig vorhanden ist, hindert demnach nichts, dessen Verse unverzüglich als progressiv und relevant oder eben emanzipatorisch einzustufen.

Hat nicht schließlich sogar die DDR-Germanistik den an den ‚Kryptofaschismus' – dies ja die These von Schwarz – verlorenen Sohn des Bürgertums inzwischen liebend an die sozialistische Brust gezogen? Bereits seit fünfzehn Jahren versichert uns einer ihrer namhaftesten Vertreter, das *Stunden-Buch* entfalte, gewissermaßen ‚durchaus auch', eine „humanistische Gesellschaftsutopie";[15] und seit sich Rilkes Geburtstag zum hundertsten, sein Todestag zum fünfzigsten Male gejährt hat, schwärmt man in Berlin und Weimar vollends pauschal vom „humanistischen Grundanliegen des Dichters".[16]

Prüfen wir also in Gottes und des Humanismus Namen nochmals den von mir ausgewählten Text, so streng uns eine enragierte Rilke-Verehrerin auch anherrscht: „Gebete können nicht zur Diskussion gestellt werden."[17] Was, fragen wir trotzdem, geschieht in diesen drei Strophen wirklich? Wie verfährt der Dichter in ihnen und überhaupt in seinem *Stunden-Buch* mit der Armut und den Armen? Und worin besteht (falls davon die Rede sein darf) die „gesellschaftliche Relevanz", die Rilkes Verlautbarungen plötzlich „besitzen oder bewirken" sollen – nach all jenem „Trug" und „Unmaß" oder auch „Unabhängigsein", all jener vermeintlichen „Leere der geschichtlichen Welt"?

In der Tat läßt sich bei näherem Zusehen eine sonderbare Abstraktheit in unseren Versen schwerlich verkennen. Das ist um so erstaunlicher, als ja ausgerechnet sie, diese dreizehn knappen Zeilen des Gedichts „DENN sieh: sie werden leben und sich mehren", auf den ersten Blick höchst konkret wirken und zudem, mit Ausnahme des Motivs vom „eignen Tod“ (vgl. I, 347), schlechthin alles in sich vereinigen, was im *Buch von der Armut und vom Tode*, dem auf 1903 datierten *Dritten Buch* der Trilogie, nach und nach zur Sprache gelangt. Ja, vielleicht ist selbst noch das Todesmotiv schon in der zitierten Eingangszeile *per negationem* angeschlagen? Dessen Gegensatz jedenfalls, das Motiv der Zeugung und des Wachstums, der Fortpflanzung und Vermehrung, klingt in ihr wie auch später unüberhörbar an: übrigens, zur Abwechslung und zum Glück, wohltuend frei von der bei Rilke ansonsten so häufigen – und nicht zuletzt im *Stunden-Buch* grassierenden – peinlich-bombastischen Sexualmetaphorik mit „Schooß“ und „Glied“ und den „weißen Heeresscharen“ der „Samen“, wo die „Scham [. . .] wie ein Tor / in einem blonden Wald von jungen Haaren“ klafft und das „Geschlecht [. . .] stark wie ein Drache“ darauf „wartet“, aus seinem Schlaf zu erwachen (vgl. I, 349 u. 361). Davon findet sich in diesem Gedicht nicht das geringste. An ihm ist weitaus rilkischer das Gegenmotiv zur Armut, wie es in der Wendung „Reiche, deren Sinn verrinnt“, hörbar wird; denn da man den Plural hier sowohl historisch (als *empires*, *kingdoms*, *realms*) wie auch soziologisch (als *the rich* oder *the wealthy classes*) auffassen kann, ergibt sich aufs neue eine schwebende Mehrdeutigkeit, die zwar vermutlich ungewollt war, doch darum keineswegs zufällig zu heißen braucht. Beiderlei „Reiche“, die „Völker“ und die „Stände“, gehören schließlich im *Stunden-Buch* zusammen und markieren in ihrer Gemeinsamkeit den Ort der gegenwärtigen Welt und Gesellschaft, der gleichermaßen für die „Armen" gilt: nämlich die moderne Großstadt. Was immer es mit der – zugegeben: ein wenig forcierten – Homonymie auch auf sich hat: daß diesem Gedicht in jeglicher Hinsicht, nicht etwa nur auf Grund seines utopisch-eschatologischen Anspruchs, eine zentrale Stellung zukommt, dürfte einleuchten.

Und dennoch erweist es sich, je länger man es betrachtet, als so sonderbar abstrakt und vage. Werden denn diese Rilkeschen Armen, beginnt man zu zweifeln, irgendwo lebendig oder gar gegenwärtig? Gibt es sie überhaupt? Sicher ist, daß elf von den dreizehn Zeilen des Gedichts – die gesamte Anfangs- und die gesamte Schlußstrophe, dazu die Hälfte der mittleren – durchgehend von der Zukunft handeln, die restlichen zwei hingegen entweder von der Vergangenheit oder aber, durch die zeitlose Allgemeinheit der Seligpreisung, letztlich ebenfalls wieder von der Zukunft. Die Verheißung „selig *sind*" ist bloß ein grammatisches Präsens, nicht jedoch geschichtliche Gegenwart; und die von Rilke beschworenen Armen scheinen mithin tatsächlich keinerlei Zeit oder Gegenwärtigkeit zu besitzen . . . Oder sollten wir uns am Ende täuschen? Besäßen diese Armen im Gegenteil eine besondere, ganz spezifische *Fülle* von Zeitbezug und Gegenwart – nämlich überzeitliche Zuständlichkeit und Dauer? Was ihnen (Strophe I) entgegenwirkt, sie bedroht oder bedrückt, ohne daß sie, wie Rilke beteuert, je davon „bezwungen" würden, ist ja einerseits das reine, obschon höchst abstrakte, in keiner Geschichts- oder gesellschaftlichen Macht konkretisierte Walten der „Zeit“, dem sie indes andererseits durch eine stetige und dauerhafte, eine ausgesprochen räumliche, zuständlich-dingliche, sich unbewußt von selbst vollziehende Bewegung erfolgreich zu widerstehen vermögen. Sie breiten sich, gemäß Rilkes zartem und lieblichem, überaus ‚ästhetischem‘ Bild, mit pflanzenhafter Sanftmut und Beharrlichkeit aus: wie „Beeren“, die den „Boden“ eines „Waldes“ nach allen Seiten üppig überwuchern, ihn förmlich, indem sie ihn mit ihrer „Süßigkeit“ bedecken, „bergend“ verhüllen, schützen, bewahren. Insofern „sind“ diese Rilkeschen Armen anscheinend tatsächlich gegenwärtig, ja geradezu allgegenwärtig. Oder sollte dies erst recht eine Täuschung sein?

Ich will vorerst, ziemlich wahllos, einige zusätzliche Befunde oder Zweifel und Fragen aufzählen, um das Vage und Widersprüchliche des Rilkeschen Textes weiter zu veranschaulichen. Immerhin (Strophe II) wird an seinen Armen außerdem geheimnisvoll gerühmt, daß sie „niemals sich entfernten“. Wovon, wird uns allerdings nicht eröffnet. Wir erfahren lediglich, daß diese angeblich Seligen „still“ und gänzlich passiv – und natürlich, wie wir erschließen können, in der Großstadt – „im Regen standen ohne Dach“. Sodann wird uns ähnlich geheimnisvoll bedeutet, daß sie einst, nach bestandener Regenzeit, den verdienten Lohn für das so wundersam und wachstümlich Geleistete empfangen werden und daß er schlechterdings „alle Ernten“ umfassen wird, die sich nur irgend denken lassen. Und sie, diese Ernten, sollen auch beileibe nicht konkret eingebracht oder ausgeteilt werden. Die Passivität von Rilkes Armen ist so bemerkenswert wie ihre Abstraktheit. Gleichsam aus eigenem Antrieb und eigener Kraft wird die endgültige Erfüllung oder „das Erdreich", mit dem Evangelisten zu reden, „zu ihnen [. . .] kommen": „und ihre Frucht", variiert und insistiert der Dichter, „wird voll sein tausendfach". Freilich, woher all dieser Reichtum stammen soll, wird uns von Rilke abermals vorenthalten.

Zu guter Letzt (Strophe III) entsteht zwar auf Augenblicke der Eindruck, als wolle sich wenigstens jene anfangs so abstrakte „Zeit", die sich im selben Atemzug so entschieden verräumlicht hat, noch einigermaßen konkretisieren. Denn nicht allein „Völker", sondern sogar „Stände" werden nunmehr genannt; zu schweigen von den besagten „Reichen", die so vieldeutig schillern. Doch es sind ja, merkwürdig genug, gar keine bestimmten geschichtlichen und gesellschaftlichen Gebilde, die hier erscheinen, sondern deren Manifestationen in ihrer Gesamtheit. Oder genauer: Rilke nennt summarisch „die *Hände* [wie er mit eigentümlicher Detailfreude trotz seiner Verallgemeinerungssucht schreibt] *aller* Stände / und *aller* Völker". Weshalb man, meine ich, doch wohl – selbst auf die Gefahr hin, der Pedanterie geziehen zu werden – die schlichte Frage aufwerfen darf, was denn zum Schluß noch übrigbleibe, wenn einmal dergestalt, historisch wie soziologisch, Tabula rasa gemacht worden ist. Wer in aller Welt sollen diese Armen sein, die sich dann endlich, nachdem sie „über jedes Ende“ gedauert haben, „erheben“? Und wieso dürfen gerade ihre „Hände“, die der Elenden, auf denen die ganze Mühsal des Daseins lastet, „ausgeruhte“ heißen, und sei es auch nur im Vergleich . . . während die der anderen („Reiche“ allesamt, wie ich jetzt ebenfalls summarisch behaupten möchte) seltsamerweise „müde sind“, und obendrein keineswegs im übertragenen Sinne? Wird damit nicht eine radikale Verkehrung, ja Perversion vorgenommen, eine Art dichterischer Falschmünzerei verübt? Wären etwa, grob gefragt, die Armen bloße Schmarotzer, die Reichen und Herrschenden hingegen die in Wahrheit Tätigen, Schaffenden, rastlos Arbeitenden? Oder sind nicht doch vielleicht deren Hände eher vom Nichtstun ‚müde‘ und die der Armen, die sich in der Tat kaum jemals von ihrer Drangsal und Mühe, ihrer lebenslangen, jahrhundertealten Not und Plackerei „entfernten“, weil sie dazu einfach kaum in der Lage waren, ebendadurch – nun also vollends zynisch und boshaft gesprochen – ‚wie ausgeruht‘?

So viele Verse, so viele Fragen. Versucht man, das Bisherige auch nur im Ansatz auf Begriffe zu bringen, so ergibt sich bereits für einen ‚Rilke von innen‘, wie er sich in diesem kurzen Text offenbart, eine krasse und gleichwohl vage Widersprüchlichkeit seiner Aussagen, die letzten Endes auf nichts anderes hinausläuft als auf deren Unvereinbarkeit. Sie vor allem, neben der ihrerseits zutiefst ambivalenten eschatologisch-utopischen Komponente, scheint Rilkes Sicht und Darstellung des Phänomens der Armut zu kennzeichnen. In ihrer allgemeinsten Form äußert sie sich als Hang zur Abstraktheit bzw. mangelnde Konkretheit bei auffälliger Lust am isolierten Detail; im besonderen prägt und bestimmt sie das dreifache, vielfältig verschlungene Widerspiel von Raum und Zeit, Natur und Geschichte und Kunst und Gesellschaft. Die Rilkeschen Armen sind einerseits bar jedweder Gegenwart und doch andererseits allgegenwärtig; sie sind so geschichtslos wie gesellschaftsfern[18] und dennoch der Macht der Zeit (oder den in ihr wirkenden, in ihr herrschenden Mächten) ebensosehr ausgesetzt und ausgeliefert wie insgeheim überlegen. Gewiß, ihr historisch-soziologischer Ort – das lehrt der gesamte Kontext – ist die moderne Großstadt, ihr poetischer aber unverkennbar die heile, zugleich in sich ruhende und aus sich selber wachsende Natur. Geschichte und gegenwärtige Gesellschaft werden von Rilke in Zeitlosigkeit und Überzeitlichkeit, in reines Naturgeschehen verwandelt, ja im Grunde aufgelöst; Zeitliches wird von ihm verräumlicht, Menschliches verdinglicht. Dabei findet zu allem Überfluß eine völlig willkürliche Verkehrung des sozialen Gefüges mit seinen Schichten und Verhältnissen statt, die schließlich geradezu wie pervertiert, wie auf den Kopf gestellt anmuten – was indes durch die verführerisch schöne Bildlichkeit und den einlullenden Wohllaut der Verssprache weitgehend wieder verwischt und ver*un*klärt oder, richtiger, kunstvoll und künstlich *ver*klärt wird. Es vollzieht sich, mit einem Wort, eine beinahe schwelgerische *Ästhetisierung* des gesellschaftlichen Phänomens der Armut, die als existentielle, halb noch religiöse, halb schon säkularisierte Gegebenheit nicht etwa bloß in Kauf genommen, sondern emphatisch bejaht und gefeiert wird und so den Anstrich von etwas Erlesenem, Hohem, ja Heiligem erhält. Denn Armut – Rilkesche Armut – ist gerade *kein* „großer Glanz aus innen", sondern ein äußerlicher Firnis, der freilich mit großem, mit wahrhaft glänzendem Geschick aufgetragen ist. Darin besteht ihre Fülle und endgültige Erfüllung, die alles Häßliche verdecken, alles Bittere versüßen, die sämtliche Antagonismen versöhnen oder gar tilgen soll; dies ist die tönende Unstimmigkeit in unserem Gedicht oder (um den von Rilke bewunderten Paul Valéry, auf den ich mich berufe, im Original zu zitieren) die *Stunden-Buch*-Version vollendeter lyrischer „incohérence harmonique".[19] Daß ihr „gesellschaftliche Relevanz" innewohnt, wird man, glaube ich, zugeben müssen.

Es fragt sich noch, welche. Nicht allein hier nämlich, auch nicht im restlichen *Stunden-Buch* nur, sondern in Rilkes Denken und Dichten insgesamt verbirgt und verrät sich diese zweifelhafte ‚Antwort' auf die „soziale Frage" – eine Formel, die er übrigens selber verwendet hat.[20] Doch nirgendwo erfolgt die Verdinglichung des Menschen, die Überführung des Geschichtlich-Gesellschaftlichen in Naturhaftes, überhaupt die ganze fragwürdige Ästhetisierung, der Rilke sich hingibt, nachdrücklicher und effektvoller als im Gedicht „DENN sieh: sie werden leben und sich mehren" und in dessen Umkreis. Oder soll ich sagen, sie erfolge nirgendwo bewußter und skrupelloser? Nicht zufällig entlarvt sich die Beliebigkeit solchen Verfahrens in besonderem Maß am Bild und Motiv des Regens. Selbst von Gott kann im *Buch von der Armut und vom Tode* ja kühn behauptet werden, er sei „arm [. . .] wie ein Frühlingsregen, der selig [!] auf der Städte [!!] Dächer [!!!] fällt" (I, 357); kein Wunder daher, daß dann die Armen „wie Regen voll des Niederfallens / in eines Dunkels junge Fruchtbarkeit" (I, 360) sein dürfen und daß ihnen Zeilen gewidmet werden, die lauten:

> In ihren Augen ist das feierliche
> Verdunkeltwerden lichter Wiesenstriche,
> auf die ein rascher Sommerregen fällt.
>
> (I, 358)

Auch ist es wohl lediglich konsequent, wenn der Rilkesche Regen – wir werden in ihn zurückkehren – so gern im Verein mit der für Rilke so bezeichnenden ‚Verkehrung' rauscht. Im gleichen Gedicht zum Beispiel wird von den Armen („wenn sie schlafen") ungescheut erklärt, sie seien „weit verteilt wie Brot in Hungersnöten" (ebd.); aber bereits zuvor hieß es von ihnen, dort sogar mit doppelter Verdinglichung und doppeltem Schlagreim:

> Sie sind nur kl*eine* St*eine*, k*eine* Mühlen.
> aber sie mahlen doch ein wenig Brot.
>
> (I, 357)

Und diese Bilder bleiben durchaus nicht die einzigen, in denen ausgerechnet die Hungernden als Nahrung oder Nahrung bereitend und Nahrung besitzend präsentiert werden. „Des Armen Haus ist“, hören wir, „wie ein Altarschrein“: „Drin wandelt sich das Ewige zur Speise“ (I, 362) – so wie offenbar stets in Zeiten der Teuerung die Lebensmittel nicht minder reichlich und bequem verfügbar sind als die Armen, die bekanntlich so wenig danach verlangen. Es versteht sich, daß Rilke von diesen leider ganz und gar nicht Behausten, sondern Heimat- und Ruhelosen, die entweder überall verjagt werden (worauf er paradoxerweise eigens hinweist)[21] oder eben unentwegt an ein und demselben Platz „selig“ schuften müssen, ausdrücklich und bekräftigend versichert: sie „ruhen aus“ (I, 358).

Ästhetisierung oder Verdinglichung oder beides zugleich; nicht zu reden von solcher Verkehrung. Und das alles geschieht so poetisch wie brutal und bedient sich auch keineswegs bloß der Natur, ob der belebten oder der unbelebten, sondern darüber hinaus der vom Menschen geschaffenen Welt und in ihr wiederum, wie zu erwarten, mit Vorliebe der Kunst.

Die andern [. . .] sind wie ausgerissen;
sie aber stehn wie eine Blumen-Art
aus Wurzeln auf und duften wie Melissen
und ihre Blätter sind gezackt und zart.

(ebd.)

Gemeint sind damit selbstverständlich nicht die Reichen, sondern die Armen, die man demnach wirklich nur von Herzen beneiden kann: „Denn sie sind reiner als die reinen Steine“ (I, 356). Freilich sind sie außerdem „wie das blinde Tier, das erst beginnt“ (ebd.) – was dann womöglich doch nicht so uneingeschränkt erstrebenswert wäre. Mit unfreiwilliger Ironie wird jedenfalls von den Armen einmal festgestellt, daß ihr „Leben [. . .] wie das der Tiere“ sei (vgl. I, 359). Trotzdem sind sie aber, beruhigt uns Rilke sofort, nicht etwa ‚vertiert‘, will sagen zu dumpfer, trüber Tierhaftigkeit herabgesunken. Sie sind vielmehr „so heiter wie die Vögel[,] wenn sie bauen“ (ebd.); auch sind sie „gleich einem Bache“ (I, 361), „wie ein Baum“ (I, 362), „wie ein Kahn“ (I, 359), „wie ein Trinkgefäß“ (ebd.), „wie ein ruhiges [!] Gerät“ (I, 358) und „wie Leinen auf den Bleicheplätzen“ (ebd.) und werden überdies mit einer „Büste“ und einem „Talisman“ verglichen (vgl. I, 360 bzw. 356) sowie mit einer „Rosenkette“ und einem „Saitenspiel“ in Verbindung gebracht (vgl. ebd. bzw. I, 359) . . . O ihr Armen, ihr braven, dichterisch so dankbaren Armen! In der Tat, was könnte ruhiger und beruhigender sein als – schöne – Pflanzen und Tiere, als pures Gerät, als „Stein und Ding“ (vgl. I, 360)? „Sie sind so still; fast gleichen sie den Dingen“ (I, 358), lobt Rilke summarisch und selbstzufrieden, obzwar noch mit winzigem Vorbehalt, die geduldigen Opfer seiner entfesselten Einbildungskraft; ja, in hemmungslosem Ausbruch, der sein Verfahren auch begrifflich vollends enthüllt, findet er sie wortwörtlich „so schön wie eine *schöne*

Sache" (I, 361)![22] Nein, unverblümter und ungeschminkter läßt sich dies ästhetisierende Verdinglichen oder verdinglichende Ästhetisieren, das zuletzt „der Armut großer Abendstern" (I, 366) jubelnd überstrahlen soll, wahrhaftig nicht beim Namen nennen. Aber war nicht dieser ganze „Armutsüberfluß", dieses ganze überschwengliche Schwelgen in Klängen und Bildern, von den Elementen bis zu den Kunstwerken, von der blinden und doch auf Verklärung zielenden Maulwurfsmetaphorik bis zur kosmischen Ausweitung und universalen Entgrenzung, ohnehin und von vornherein für Rilke „nur Gleichnis" (vgl. I, 360)?

Denn das *Stunden-Buch* weiß sehr wohl von der „schweren Welt" (I, 346) der Armut. Es weiß auch genau, daß die Armen nicht bloß „schwer", sondern „schlecht" leben – daß sie, deutlicher gesagt, lediglich „leben", um bei lebendigem Leib zu „sterben" (vgl. I, 345 f.). Nicht bloß von den pittoresken „Nachtasylen" ist nämlich in bezug auf diese „Armen" die Rede (vgl. I, 357), sondern an einer Stelle ahnt man sogar, viel aufschlußreicher, die freudlosen Hinterhöfe der gewöhnlichen Mietskasernen, wohin sich nie ein Sonnenstrahl verirrt, geschweige denn ein „großer Abendstern".

> Da wachsen Kinder auf an Fensterstufen,
> die immer in demselben Schatten sind,

schreibt der Dichter immerhin: Kinder, wie er ergänzend hinzufügt, die nichts davon wissen, „daß draußen Blumen rufen / zu einem Tag voll Weite, Glück und Wind" (I, 345). Ein Begriff wie der des Proletariats scheint mir hier durchaus angebracht; denn an anderer Stelle im *Buch von der Armut und vom Tode*, und zwar im engsten Umkreis unseres Gedichts, wird tatsächlich, wie augenblickshaft auch, die Existenz zweier Klassen erkennbar. Unausgesprochen, doch unmißverständlich erweist sich nun auf einmal, daß es zweierlei „Menschen" gibt: Glückselige (oder zumindest sich glücklich Wähnende) und Müh- oder Armselige; Besitzende, die „Wein / und alles Gift der Tier- und Menschensäfte" genießen, wie Rilke sich ausdrückt (vgl. I, 363), und Besitzlose, die nicht allein solch raffinierte Reize, sondern selbst das Allernötigste entbehren. Erst werden die Reichen geschildert, mit all ihrem „Fortschritt", ihrem „Geld" und ihrem „Geschäfte" (vgl. ebd.); gleich darauf aber heißt es, in schroffem Gegensatz dazu und mit der beliebten Anrede an Gott:

UND deine Armen leiden unter diesen
und sind von allem, was sie schauen, schwer
und glühen frierend wie in Fieberkrisen
und gehn, aus jeder Wohnung ausgewiesen,
wie fremde Tote in der Nacht umher;
und sind beladen mit dem ganzen Schmutze,
und wie in Sonne Faulendes bespien, –
von jedem Zufall, von der Dirnen Putze
von Wagen und Laternen angeschrien.

(I, 364)

Daß in Versen dieser Art, trotz aller Überfrachtung mit Bildlichkeit, Vorgänge der Ausbeutung, der Erniedrigung und Unterdrückung erfaßt und gestaltet werden, geht zusätzlich daraus hervor, daß Rilke die Armen[23] als „entwürdigt durch die Müh / sinnlosen Dingen [. . .] zu dienen", und als „gegeben unter hundert Quäler" kennzeichnet (vgl. I, 346). Ja, noch unzweideutiger und mit geradezu bestürzender Aktualität berichtet er im selben übergreifenden Zusammenhang: „Die Städte" – und das ist im *Stunden-Buch* stets auch ein Synonym für die Reichen und Herrschenden – „brauchen ganze Völker brennend [!] auf" (vgl. I, 363). Nicht nur der Begriff des Kapitalismus, neben dem des Proletariats, ist also am Platze, sondern sogar der des Imperialismus oder Kolonialismus.

Rilke macht im *Buch von der Armut und vom Tode* aus seiner Verachtung der Bourgeoisie und ihrer „Kulturen" (I, 363) kein Hehl („ihre Menschen [. . .] fühlen sich und funkeln wie die Huren" und sind dennoch „klein" und „können gar nicht mehr sie selber sein" [vgl. ebd.]). Desto überraschender wirkt bei ihm eine Bemerkung, wonach die Armen oder doch „Bettler", die er so sehr verklären möchte, „schlecht" keineswegs nur leben, sondern auch sind (vgl. I, 293). Diese Bemerkung begegnet schon im *Ersten Buch* der Trilogie, dem mit der Jahreszahl 1899 versehenen *Buch vom mönchischen Leben*, und soll darum nicht überbewertet werden. Aber in Rilkes *Zweitem Buch*, dem *Buch von der Pilgerschaft* von 1901, entschlüpft dem demütigen Beter obendrein die abschätzige Bezeichnung „Pöbel“ (I, 329), die denn doch zu denken gibt. Sie erscheint parallel zu dem biblisch getönten Ausdruck „der zeitgemäße Herr der Welt“ (ebd.) und kann daher ebensogut als dessen vorweggenommene Apposition wie als dessen teilweiser Kontrast gelesen werden. Und im letzteren Fall wären die Armen zumindest nicht ausgeschlossen. Sollte der Dichter mithin *beide* Schichten oder Klassen verachten, die Reichen *und* die Armen? In der Tat werden sie ja im *Stunden-Buch* einander auch sonst angenähert. Daß „die Reichen“ in Wahrheit gar „nicht reich [sind]“ (vgl. I, 353), dekretiert Rilke so brüsk und keinerlei Einwand duldend wie, mit entsprechender Umkehrung, daß die Armen leider nicht ordentlich arm seien. „Sie sind es nicht“, klagt er vorwurfsvoll. „Sie sind nur die Nicht-Reichen“ (I, 355) – und deshalb „wollen“ sie natürlich auch „nichts“ und „brauchen nur das *Eine*: // so arm sein dürfen, wie sie wirklich sind“ (I, 356). Was somit die Reichen wollen, müßte rundweg alles sein; denn was sie brauchen, wäre lediglich, so reich sein dürfen, wie sie wirklich sind. Das wird zwar vom Dichter nicht ausgesprochen, jedenfalls nicht in solcher Direktheit, ist indes abermals bloß folgerichtig.

Den gemeinsamen Nenner für diese allgemeine Entartung und Selbstentfremdung bilden, wie bekannt, die „großen“, ja „übergroßen Städte“ (vgl. I, 345 bzw. 343), wie sie namentlich im *Buch von der Armut und vom Tode* evoziert werden. Immer wieder ist von ihrem „Wahn und Abersinn“ die Rede oder davon, daß sie „verlorene und aufgelöste“ seien (vgl. I, 344 f.). Man könnte gerade hier, mehr noch als vorher, die Belege fast nach Belieben häufen, ohne daß damit jedoch viel gewonnen wäre. Alles liegt halt ganz einfach an „der Städte Schuld“ (I, 362). Sie und durch sie die gesamte moderne Welt der Zivilisation und Technik werden in Bausch und Bogen verurteilt und verdammt. Oder wenigstens hat es diesen Anschein. Denn wenn sich dabei erneut die vertrauten Widersprüche regen, werden sie alsbald aufs neue im Sinne jener „harmonischen Zusammenhangslosigkeit“ (um Valéry diesmal wortgetreu zu übertragen und vielleicht auch ein bißchen zu mißbrauchen) so klangvoll wie bildkräftig ausgeglichen. Dazu verhilft insbesondere die Evokation einer heilen Gegenwelt, die mit ebensolcher Selbstverständlichkeit als Ort der Rettung ausgerufen wird, mit der die Städte verflucht und verworfen werden. Allerdings haften diesem Ort oder Raum auch gewisse Eigenheiten an. Er soll nämlich einerseits, als idyllische Gegenwart, sozusagen vor der Tür liegen und den Armen ohne weiteres erreichbar sein:

> Sie brauchen ja nur eine kleine Stelle,
> auf der sie alles haben wie ein Baum,

wie Rilke ausgerechnet in demjenigen Gedicht, welches unmittelbar auf unser eschatologisch-utopisches folgt, zuversichtlich vermeldet (vgl. I, 362). Andererseits aber ist jene Gegenwelt, als urzeitliche Vergangenheit, in einem legendären oder mythischen Orient der „Hirtenvölker“, ja der „Wüstenstämme“ angesiedelt (vgl. I, 353 f.). Rilke beschwört im Grunde die gleiche „Urlandschaft", wie sie damals auch Stefan George beschwor.[24] In sie, die Idylle am Anfang der Zeiten, soll die Geschichte dereinst, am Ende der Zeiten, laut *Stunden-Buch* wieder einmünden:

ALLES wird wieder groß sein und gewaltig.
Die Lande einfach und die Wasser faltig,
die Bäume riesig und sehr klein die Mauern;
und in den Tälern, stark und vielgestaltig,
ein Volk von Hirten und von Ackerbauern.
(I, 329)

Bannend und verlockend wie nur je, erweckt die schiere Sprachentfaltung den Eindruck, als sei der modernen Gesellschaft die Rückkehr zur Urzeit ebensoleicht möglich wie ihren Menschen der Zugang zum gegenwärtigen Freiraum, zu jener allumfassenden „Stelle" mit „Baches Helle" und „Wind" und „der Teiche tiefem Ufertraum" (vgl. I, 362). Die heile Gegenwelt steht in jedem Fall offen – man muß dazu bloß ‚richtig arm' (oder reich genug) sein.

Auf Verse wie die soeben zitierten stützt sich die weltliche oder säkularisierte, ja progressive und sogar sozialistische Rilke-Deutung, der zufolge im *Stunden-Buch* eine „humanistische Gesellschaftsutopie" antizipiert werde.[25] Was die bürgerliche Entsprechung dazu betrifft, die geistliche oder religiöse Rilke-Deutung gleich welcher Art, so kann sie sich auf das Werk in seiner Gesamtheit einschließlich Titel sowie auf Dutzende und Aberdutzende von Einzelbelegen stützen. Der Religiosität oder gar Christlichkeit des *Stunden-Buches*, vollends aber dessen Gott mit seinen zwar schwerlich emanzipatorischen, doch dafür um so mystischeren Aspekten gelten ganze Monographien.[26] Ich darf auf sie verweisen und lediglich nochmals daran erinnern, daß Rilke bei der Gestaltung solcher Aspekte ebensosehr vom Alten wie vom Neuen Testament zehrte. Nicht nur erfahren wir zum Beispiel von der „Stimme" der Armen, sie habe „im Schlaf mit Daniel gesprochen" (vgl. I, 350); wir hören auch von deren wunderbarerweise, trotz allem, vorhandener Behausung, sie sei

> arm wie die warme Armut eines Stalles, –
> und doch sind Abende: da ist sie alles,
> und alle Sterne gehen von ihr aus.
>
> (I, 363)

Es dürfte wohl deutlich sein, daß hier der Stall und – mit pluralisierender Rilkescher Hyperbel – der Stern von Bethlehem und damit die Weihnachtsgeschichte untergründig eingeflochten werden. Nicht umsonst ist das betreffende Gedicht bereits eingangs mit christlichem Sakralgut (Schrein und Altar, dazu Anspielung auf Wandlung und Abendmahl) metaphorisch überladen. Freilich, ihre eigentliche und vor allem auch eschatologische Vollendung erreicht diese Frömmigkeit, ob nun als christliche oder pseudochristliche, erst zuallerletzt, mit der Epiphanie und Apotheose des heiligen Franz von Assisi (vgl. I,

364 ff.). Denn er, der Poverello des Mittelalters und Verfasser des berühmten „Sonnengesangs“, ist ja – ungenannt, doch gegenwärtig und immer gegenwärtiger – „der Armut großer Abendstern“, der in der Schlußzeile aus den Niederungen emporsteigt. In ihm, dem Gründer des typisch städtisch ausgerichteten Bettelordens der Franziskaner oder Minoriten, die sich in besonderem Maß auch der Armenpflege widmeten, fallen sämtliche Aspekte und Motive nicht nur des *Buchs von der Armut und vom Tode*, sondern des *Stunden-Buches* überhaupt, samt seiner dichterischen Verklärung, ja Selbstverklärung des Dichterischen, endgültig zusammen.

Man könnte sich natürlich auch der Terminologie der Musik bedienen und etwa von einem machtvollen, vielstimmigen Finale sprechen. Rilke hat selber dergleichen getan. „Vom ‚Stundenbuch‘, von den ‚Duineser Elegien‘ und den ‚Sonetten an Orpheus‘ war er der Ansicht, daß dies keine Sammlungen von Gedichten wären, sondern symphonisch aufgebaute Gesänge, deren Teile eng miteinander verknüpft waren und die man nicht zertrennen oder zerstükken konnte, ohne Verrat zu begehen.“ So sein französischer Bewunderer Maurice Betz.[27] Unser Ausgriff auf die übrigen Teile des *Stunden-Buches* war also nicht bloß erlaubt, sondern mit Nachdruck geboten. Mit aller nur wünschbaren Klarheit zeichnet der Dichter uns die Methode der ihm gemäßen Kritik vor. Wir brauchen ihr lediglich genau zu folgen, um allmählich, jedoch zuverlässig von ‚innen‘ nach ‚außen‘ und so zu dem mit Fug und Recht ersehnten ‚doppelten Rilke‘ zu gelangen. Zu fürchten ist allerdings schon jetzt, daß das, was sich dabei ergeben wird, abermals jene tönende Unstimmigkeit oder harmonische Zusammenhangslosigkeit sein werde, wie wir sie wiederholt konstatiert haben.

Die meisten erliegen ihr auch heute noch oder wieder. Ein besonders erhellendes Beispiel liefert der DDR-Germanist Hans Kaufmann – und dies, obgleich gerade er Rilkes „fragwürdige Fähigkeit, den Leser durch den bloßen Klangrausch zur gedankenlos-unkritischen Aufnahme zu verführen",[28] sehr wohl erkennt und sogar rügt, wenn auch schwerlich am *Stunden-Buch* und namentlich nicht am *Buch von der Armut und vom Tode*. Kaufmann, der die Verführbarkeit anderer selbstgerecht tadelt, berauscht sich seinerseits auf höchst unkritische (obzwar, zugegeben, nicht völlig gedankenlose) Weise an Rilkes Klängen. Denn im Gegensatz zu bürgerlichen, etwa „existentialistisch" orientierten Interpreten, die das *Stunden-Buch* angeblich „schlecht gebrauchen" können, kann dieser sozialistische, humanistisch orientierte Interpret derlei, wie er sich förmlich brüstet, durchaus ‚beerben'.[29] Nicht nur stellt er kategorisch fest: „Das ‚Stunden-Buch' ist insgesamt eine lyrische Dichtung von außerordentlichem Rang." Und: „Das [. . .] ‚Stunden-Buch' [. . .] ist eine umfassende kritische Auseinandersetzung mit wesentlichen Lebensproblemen des Menschen in der modernen kapitalistischen Welt."[30] Auch ist Kaufmann keineswegs nur derjenige, welcher Rilke auf Grund von Versen wie „ALLES wird wieder groß sein und gewaltig" als

Gesellschaftsutopiker apostrophiert. Nein, er behauptet zu allem ‚Armutsüberfluß' schlankweg, dieses „Zukunftsbild" (das „freilich im Bild naiv-romantisch gefaßter vorkapitalistischer Zustände" erscheint, wie selbst er verschämt einräumen muß)[31] werde „korrigiert und ergänzt [. . .] durch die Prophezeiung des sicheren Siegs der Armen", den er zudem nirgends glanzvoller und unzweideutiger verheißen sieht als gerade in unserem Gedicht![32] ‚DENN Armut ist ein großer Sieg von außen . . .' Allerdings druckt Kaufmann wohlweislich bloß die letzten sieben Zeilen ab, wo von den „Ernten" mit ihrer „Frucht", die „tausendfach" sein soll, insbesondere aber vom „Ende" aller „Stände" und „Völker" und „Reiche[n]" mit gleichzeitig stattfindender Erhebung der „Armen, welche harren" (I, 366), geraunt wird. Diese ebenso wundersame wie fragwürdige ‚Erhebung' wird von ihm nämlich stracks zum glorreichen Aufstand, ja unter der Hand zur Weltrevolution des Proletariats umgemünzt. Daß die Armen zu solchem Behuf, widersinnig genug, „still" und gefügig „im Regen" stehen müssen, und zwar „ohne Dach", oder sich, noch widersinniger, „niemals" vom Platz ihrer Fron entfernen dürfen: das wird von Kaufmann taktvoll verschwiegen. Er klammert die Rilkesche Ästhetisierung der Armut so sorgfältig und beflissen aus, wie umgekehrt Mason, der sich dieser Ästhetisierung trotz seiner zitierten Entgleisung vollauf bewußt ist, die Problematik der Rilkeschen Armen links liegenläßt, ja diese nicht einmal erwähnt. Beide Forscher, der bürgerliche wie der sozialistische, üben unverkennbar, nach Betz bzw. Rilke persönlich, wissenschaftlichen „Verrat“ an der Ganzheit des *Stunden-Buches*, dessen Widersprüche sie genauso ignorieren wie deren Unvereinbarkeit mit ihrer eigenen, „aus innen“ entwickelten oder von außen herangetragenen Deutung. Und jeder von ihnen verfährt dabei auf seine – jeweils symptomatische – Art.

Daß ihre teils blinden, teils voreingenommenen, auf jeden Fall aber einseitigen Exegesen nicht minder falsch oder verfälschend sind als die einseitig theologischen, dürfte mittlerweile deutlich geworden sein. Gleichwohl entbehren diese sämtlichen Fehlinterpretationen, die unstreitig stets auch etwas Richtiges, sogar Wichtiges enthalten, kaum einer gewissen tückischen Logik. Schuld an solchen Irrwegen ist offensichtlich die grundsätzliche, für Rilke so überaus charakteristische, halb faszinierende und halb irritierende Mehrdeutigkeit – oder, auf die leidige „soziale Frage“ bezogen, Rilkes geradezu fundamentale Zweideutigkeit. Und sie, die sich als übergreifende Ambivalenz bereits mehrfach in Einzelworten und -wendungen enthüllt hat, lauert eben am verhängnisvollsten in dem umfassenden, weniger sprachlichen als vielmehr gedanklichen Homonym „Armut“ und dem dazugehörigen Plural „die Armen“. Der einerseits geistliche, religiös-biblische, andererseits weltliche, historisch-soziologische (und meinetwegen selbst humanistische und sozialistische) Sinngehalt, den diese Vokabeln im *Stunden-Buch* haben, soll ja paradoxerweise, wie sich zeigte, zu verklärter Einheit verschmelzen; die Armen der Bergpredigt von einst und die der modernen Großstadt von heute, Proletariat nebst Lumpenproletariat, sollen irgendwie und irgendwann ineinander aufgehen; kurzum, die Armut in beiderlei Gestalt soll ihre ebensosehr eschatologisch wie utopisch gefärbte Erlösung oder Erfüllung oder halt, sei's drum, Erhebung finden. Ja, Erhebung *finden*! Denn die erweist sich nicht bloß als ein ganz und gar ästhetisierter, sondern auch, wie man sich erinnern wird, als durch und durch passiver Vorgang. Das Rilkesche Himmelreich kommt, wenn es kommt, ebenfalls wie ein Dieb in der Nacht, nicht anders als das des Paulus;[33] und darin gleicht es aufs Haar, mit Kaufmann zu reden, dem „sicheren Sieg der Armen" oder triumphalen Aufstieg des Sozialismus – in den Augen zwar nicht von dessen Stifter, wohl aber seiner reduktionistischen Apostel, die „naiv-romantisch" auf die Selbsttätigkeit und Selbstbewegung der bekanntlich unhemmbar fortschreitenden Geschichte bauen.

Ich weiß, das sind lauter zugespitzte, vielleicht überspitzte Formulierungen; doch sie treffen in den Kern. Auch gelten sie nicht etwa nur für das Gedicht „DENN sieh: sie werden leben und sich mehren", sondern für das *Stunden-Buch* in seiner Gesamtheit, ja darüber hinaus für Rilkes spezifische Neigung zu denken und zu dichten. Jenes Verschmelzen der Bedeutungen, jenes Ineinanderaufgehen der entlegensten Zeiten und Völker, jene ganze eschatologisch-utopische Haupterhebung der Armen über alle Reiche und Reichen vollzieht sich nämlich in Wirklichkeit nie; ihre Einheit, die der ‚guten', vor allem jedoch ‚schönen' Menschen Rilkescher Observanz, die nicht allein „selig“, sondern gleichsam Gott selber sein oder doch an ihm teilhaben sollen, vollendet sich in Wahrheit „am Sankt Nimmerleinstag“.

> Und der Mensch ist nur gut. Ohne daß er mehr tut
> Wird die Erde zum Paradies.

So Bertolt Brecht, der mit Rilkes Schaffen nachweislich vertraut, aber kein naiver oder romantischer Marxist war, in seinem ‚Parabelstück‘ *Der gute Mensch von Sezuan* (in dem es, nebenbei gesagt, wie im *Buch von der Armut und vom Tode* auf die Armen regnet).[34] Die Ironie seiner ‚Verheißung‘ legt die Fragwürdigkeit der Rilkeschen „Prophezeiung“, wie Kaufmann sie zu vernehmen glaubt, erst recht bloß. Deren Erfüllung ist in der Tat weder als eschatologische noch gar als utopische jemals möglich. Sie geschieht – man kann es nur mit solch dürren Worten ausdrücken – *nirgends und nie* ... oder aber, weil jederzeit und jedenorts möglich, *immer und überall.* Denn das ist, mit mystischem oder dialektischem Umschlag, die einzige Folgerung, die zu ziehen uns sinnvollerweise noch übrigbleibt. Es gibt Rilkes wundersame Lösung oder Erlösung sosehr und sowenig wie die Rilkeschen Armen selbst. Und es ist nicht zuletzt der symptomatische Reduktionismus einer einseitig religiösen, existentiellen oder eben, seit neuestem, sozialistischen Rilke-Deutung, der uns unfreiwillig den Blick dafür schärft, daß jener vermeintliche „Armutsüberfluß“ in seiner Ubiquität sich nicht allein ständig als trügerisch entpuppt, ja sich selber, allem „Klangrausch“ und bildhaftem Anschein zum Trotz, verräterisch in seine Bestandteile zertrennt und zerstückt, sondern daß diese ihrerseits und obendrein einander wechselseitig verfremden und letztlich widerlegen.

Was also wäre dann – um auf das Fazit pointiert zurückzukommen – die wahre und wirkliche „gesellschaftliche Relevanz“ des Rilkeschen Dichtens und Denkens, zumindest die des *Stunden-Buches* und der dreizehn Zeilen aus dessen *Buch von der Armut und vom Tode*, von denen wir ausgingen? Daß der Dichter nicht bloß die moderne Welt, namentlich der Großstadt, in ihrer zivilisatorisch-technologischen Entartung, wie er sie empfand, sehr genau kannte, sondern ebenso die konkrete Armut in ihrer Klassenbedingtheit, ihrem Elend, ihrer Quälerei, Not und Ausbeutung, Entwürdigung, Erniedrigung und Unterdrückung: das, denke ich, haben wir zur Genüge gesehen und wissen wir auch sonst aus Rilkes Werk. Zugleich jedoch und bis zum Überdruß haben wir mit ansehen müssen, in welch erschreckendem Ausmaß dieser Dichter die Armut in vage Abstraktheit verwandelt, sie poetisiert, ja zügellos ästhetisiert. Das geschichtlich und gesellschaftlich Konkrete wird in Rilkes Versen einerseits zur puren Naturhaftigkeit einer heilen, zeitenthobenen Idylle, sei es in ländlicher Abgeschiedenheit oder in paradiesischer Urzeit; und die Menschen vollends – die Armen, wohlgemerkt – erfahren andererseits eine radikale Verdinglichung nicht nur zum reinen Gegenstand, sondern zum

Kunstgegenstand. Wie regungslose Statuen ragen sie in unserem Gedicht:

> Denn selig sind, die niemals sich entfernten
> und still im Regen standen ohne Dach . . .

Sie stehen hier gut, diese Rilkeschen Armen, und sie stehen schön. Und so, wie sie still und unbewegt stehen, ist auch die Zeit zum Stillstand gekommen. Die Dynamik einer scheinbaren Spannung zwischen Vergangenheit und Zukunft ist zur Statik einer scheinhaften Gegenwart geworden; ja, die Zeit selbst hat sich verräumlicht und ist mit den zur Sache und zum Kunstwerk erstarrten Armen zu überzeitlicher, geradezu zeitloser *Dauer* geworden. Zeitlosigkeit und Dinghaftigkeit gehören zusammen. Nicht zufällig wird jener Begriff ausdrücklich genannt, wenn es von den Armen heißt:

> Sie werden dauern über jedes Ende
> und über Reiche, deren Sinn verrinnt . . .

Trotz aller Beteuerungen des Wechsels, trotz aller Rückblicke in die Vergangenheit und Ausblicke in die Zukunft bleibt im Grunde alles beim alten. Diese Rilkeschen Armen sind die Heiligen des immergleichen, ruhenden Seins, der unveränderten Dauer ohne Ende. Als solche aber sind sie – und nichts könnte tatsächlich relevanter sein oder wirken – die Hüter des Bestehenden, die Garanten des Status quo mit seiner Klassenschichtung, seiner Ordnung und Unterordnung ebendieser Armen unter die Herrschenden und Besitzenden mit ihren Privilegien, von denen auch Rilke zeitlebens profitierte. Gab es überhaupt je einen Dichter, der ein notorischerer Nutznießer war als er, der „esoterische Edelschnorrer", wie er im *Spiegel* (den ich leider aus dem Gedächtnis zitieren muß) schon vor Jahrzehnten betitelt wurde? Rilke kannte nicht bloß seine Reichen und deren Funktion, sondern ebenso die gesellschaftliche Relevanz seiner Armen. Sein *Stunden-Buch* bezeugt es unübertrefflich, nur zwei Seiten vor dem Gedicht „DENN sieh: sie werden leben und sich mehren":

> Sie sind wie Wächter bei verhängten Schätzen,
> die sie bewahren, aber selbst nicht sahn . . .
>
> (I, 359)

O René Rilke! Da kann man natürlich, frei nach George, diese dummen Armen insgeheim „ein wenig" verachten,[35] ganz wie die Reichen, von denen man ausgehalten wird; man kann sie sogar gelegentlich, spielerisch und unverantwortlich, innerhalb des bestehenden Gesellschaftsgefüges auf den Kopf stellen. Vor allem aber kann man diese braven, geduldigen Armen unentwegt bedichten und besingen, mit schönen Bildern und schönen Klängen artistisch, doch zugleich andächtig *verklären*. Dieses deutsche Wort besitzt ja, wie die weltweite *Stunden-Buch*-Forschung befriedigt und dankbar vermerkt hat, sowohl eine ästhetische als auch eine religiöse Dimension.[36] Was indes beileibe nicht ausschließt, daß Rilke das Religiöse so wie das Soziale als unverbindliches poetisches Ingrediens verwendete – ja, daß oft keins von beiden, geschweige denn das Christliche oder Sozialistische, diesem „Erz-Ästheten" (Thomas Mann)[37] mehr bedeutet hätte als eine bewährte Redefigur, um nicht zu sagen: Redensart. Insbesondere im *Buch von der Armut und vom Tode* vermochte dieser betende Dichter platterdings alles zum frommen Kunstprodukt zu stempeln, das Sterben so gut wie die Armen oder „ceux que je méprise", wie auch sein Malte Laurids Brigge, in der „innigen Indifferenz seines Herzens", zwischendurch ganz ungeniert gesteht (vgl. VI, 757 bzw. 938). Selbst das Eschaton wird ja diesem dichtenden Beter, der als „unbekümmerter Verbraucher", wie er so beziehungsreich bekennt, „froh [. . .] durch alle Dinge schwimmt", im Handumdrehen zum synkretistischen Gedudel oder, besser noch, Gefiedel. Rilkes Lebenswerk offenbart sich wahrhaftig als ein ästhetizistischer Totentanz, „der sich auf allen Saiten geigt" – warum also nicht auch auf den gekrümmten Rücken der Armen? Denn so, wortwörtlich und wiederum in unübertrefflicher Selbstentlarvung, heißt es tatsächlich unter der Überschrift „Das Jüngste Gericht" und mit dem Zusatz „Aus den Blättern eines Mönchs": in Versen, die zwar nicht im *Stunden-Buch* erschienen, sondern im *Buch der Bilder*,[38] die aber bereits vor Beginn des *Buchs vom mönchischen Leben*, am 21. 7. 1899, entstanden waren (vgl. I, 415 ff.).

Dies alles ist nun freilich erst recht überspitzt und provozierend formuliert. Ich meine jedoch, daß gerade angesichts der allerjüngsten Entwicklung der Rilke-Rezeption, die sich gerade auch dem *Stunden-Buch* begierig zuwendet, einige Härte und Heftigkeit nicht unangebracht sei. Derlei nämlich, als „crudezza" und „violenza", die sogar ein anspruchsvolles, sich als ‚kritisch' verstehendes internationales Handbuch der Rilkeschen Trilogie nachrühmt, begegnet dort nur äußerst sporadisch; was vielmehr bei weitem vorherrscht, ist ebenjenes frohe und unbekümmerte Schwimmen durch die Dinge oder ästhetisierende Plätschern über sie hin, das Rilke selber so unvorsichtig ausplauderte. Der verdinglichten Menschen gar nicht zu gedenken! Denn zu behaupten, daß der Dichter im asketischen dritten Teil seines Erbauungsbuches – ich referiere Claude David aus dem *Dizionario critico della letteratura tedesca*[39] – sich förmlich dazu „gezwungen" habe, die nackte Wahrheit und Wirklichkeit wiederzugeben, ist nach allem, was wir gehört haben, einfach abwegig. Doch bleibt Davids französisch-italienische Äußerung immerhin im Rahmen einer textbezogenen Deutung, wie skizzenhaft diese auch gehalten sein mag. Wesentlich schlimmer sind ‚hauseigene' Bekundungen: der eifernden Germanistik nicht nur, sondern sogar der (jungen wie alten) Dichterkollegen Rilkes. Die programmatische Einleitung zu dem zweibändigen Jubiläumswerk *Rilke heute* zum Beispiel bietet, um mit ihrem Verfasser zu sprechen, „noch viel unglaublichere Interpretationsblüten". Allerdings sind es eigentlich eher Proklamations- und daneben auch Stilblüten von der Art der beiden folgenden, die Rilke einerseits im

Gewand eines ontologischen „Rutengängers“ auftreten lassen und andererseits dessen „Lösung der Verinnerung“ als Patentformel zur „Befreiung von allen selbsterrichteten Illusionen wie von außen [*sic*] herangetragenen Unterdrückungen“ anpreisen. Die Überwindung der gegenwärtigen Misere, so verkündet man uns doch allen Ernstes, „liegt keineswegs an den äußeren Verhältnissen, sondern lediglich an der inneren Haltung eines jeden einzelnen von uns“. Man bekämpfe den inneren Schweinehund und nehme gefälligst Haltung an! So simpel ist das. „Kann das Bedürfnis einer Zeit nach Rilke“, wird zum Schluß so rhetorisch gefragt wie dogmatisch verfügt, „überhaupt dringlicher sein als heute?“[40]

Und betrüblicherweise bewegt sich, was Rainer Kirsch zu Rilke vorzubringen hat, auf ähnlichem Niveau. Den Dichter des *Stunden-Buches* „sozialer und ethischer Rückschrittlichkeit“ zu bezichtigen, bloß weil er „die Armut glorifiziert“ habe, lehnt der 1934 geborene, ehemals ostdeutsche Lyriker gereizt ab. Er hält dies, wie er mit eigentümlicher Wortwahl sagt, als Argument für „unernst“; doch er scheut sich dann keineswegs, auftrumpfend hinzuzusetzen: „Natürlich kann man, wenn man Lust hat, Rilke vorwerfen, daß er kein Marxist war; das ist nicht sinnvoller, als Goethe anzulasten, daß er nicht das Dichten aufgab und Jakobiner wurde.“ Ebendas, scheint mir, ist seinerseits ein allzu bequemes und billiges Verfahren der Argumentation, wie man es von einem Manne wie Kirsch am wenigsten hätte erwarten sollen. Der Titel seines Beitrags lautet zwar recht doppelsinnig und vielfältig „Nach Rilke gefragt"; aber seine Antwort erweist sich als desto – einsinniger, milde ausgedrückt ...[41] Indes, auch für die Angehörigen der älteren Poetengeneration ist ja inzwischen, mit Malte (und einem weiteren programmatischen Beitrag) zu reden, die „Zeit der anderen Auslegung" angebrochen. Was Rilke betreffe, belehrt uns kein Geringerer als Karl Krolow, so gewähre er einem die zeitgemäße Wohltat, „sich – und dies ist das Entscheidende – von ihm sensibilisieren zu lassen"! Man könne es sich heute, fährt Krolow modisch und tendenzgewandt fort, endlich wieder „leisten", an diesen Dichter und sein Werk „unbefangen heranzugehen": nämlich so „wie junge Leser des Jahres 1975, die lieber zum ‚Stundenbuch' greifen als zu den ‚Späten Gedichten', denen der ‚Nachbar Gott' offenbar *mehr* sagt als ein Ausgesetztsein auf den Bergen des Herzens".[42] Nicht nur Rilke schlechthin – und überdies als Guru einer *new sensibility*, die selber höchst fragwürdig ist – wird hier gepredigt, sondern, in bewußter Brüskierung der gängigen Hagiographik wie der gesamten Bewertung des Rilkeschen Schaffens, ausgerechnet der Dichter des *Stunden-Buches* mit all seiner Bilderflucht und Klangversponnenheit, all seiner bedenkenlosen Ästhetisierung der Armen und der Armut – und damit, wohl oder übel, auch mit seiner Bejahung, ja Verklärung des Status quo.

Dabei hat doch nun wirklich nicht erst Thomas Mann Rilkes Erz-Ästhetentum durchschaut, sowenig wie, mit allem schuldigen Abstand, Schwarz der erste war, der die soziale und politische Gretchenfrage stellte. Der so preziös-manierierten wie berühmt-berüchtigten, zur Parodie in der Tat herausfordernden Zeile „DENN Armut ist ein großer Glanz aus innen ..." haben sich sozialistische Schriftsteller, etwa Erich Weinert und Genossen, bereits früh zum Zwecke der kritischen Anprangerung Rilkes in beiderlei Sinne bemächtigt. So höhnte beispielsweise ein gewisser Günther Dallmann 1930 mit ätzender Konkretisierung und Kontrastierung:

> ‚Armut ist ein großer Glanz von [*sic*] innen ...'
> Gehste stempeln, Mensch, dann denke dran!

Und Weinert selber, obschon schwächer in der Form und noch ungenauer, witzelte im Hinblick auf „die Reichen" und deren Schriftsteller über

> Ihrer Weisheit tröstliche Sahne,
> Daß die Armut ein Glanz nach [*sic*] innen wäre.[43]

Viel gewichtiger freilich als solche mehr oder minder gelungenen Bonmots ist das, was Gottfried Benn (kein Geringerer, wie man bei ihm wohl erst recht sagen muß) unter dem lakonischen Stichwort „Rilke" in seinem Band *Ausdruckswelt* veröffentlichte, der erstmals 1949 herauskam. „Rilke", heißt es dort, „konnte allerdings noch die Seiten seiner Briefe mit Namen von Edelleuten füllen, die eine sehr schöne Sammlung von – denk nur – alten livres d'heures besitzen und Ländereien [...] in der Ukraine und ein Gestüt, wo sie arabische Pferde ziehen [...]. Schließlich reimt sich alles, und es findet sich immer noch ein gräfliches Schloß, von dem aus man die Armen bedichtet; Gott erhört und die Federn geraten in Bewegung!“ Benn bekannte auch seinem Freund F. W. Oelze gegenüber, er habe Rilke stets als ein „Gemisch von männlichem Schmutz und lyrischer Tiefe“ oder „Größe“ empfunden, „ein unangenehmes Gemisch“: eben gleichermaßen „dürftige Gestalt“ (das „Rilkemännlein“, wie Rudolf Kassner gespöttelt haben soll) *und* „Born großer Lyrik“.[44] Zu dieser rechnete Benn das „Requiem für Wolf Graf von Kalckreuth“, dessen Schlußvers „Wer spricht von Siegen? Überstehn ist alles“ (I, 664) er mit Ergriffenheit, fast Erschütterung zitiert; zum Dürftigen hingegen und Unangenehmen, gelinde gesagt, zählte er offenkundig das *Stunden-Buch*. Sein verbrämter Hinweis darauf ist so unüberhörbar wie sein Widerwillen gegen Rilkes ästhetisierende, pseudoreligiöse, vom sicheren Port adeliger Güter (und großbürgerlicher Villen) vorgenommmene Verherrlichung der Armut. Es sei übrigens dahingestellt, ob Benn, dieser Eigenpriester des ästhetischen Absolutismus,[45] zu seiner Kritik berechtigt war; erstaunlich genug wirkt jedenfalls der Tadel Krolows, dem zufolge jene Auslassungen „eher Mangel an Geschmack als an Kenntnis verraten“.[46] Denn wie? Hätte Benn somit auch nach Krolow, der gerade den *Stunden-Buch*-Rilke so verehrt und verteidigt, mit seinen Sarkasmen ins Schwarze getroffen? Wäre es lediglich nicht ‚fein‘, sie unumwunden und gar öffentlich auszusprechen?

Selbst ein solch (vermeintlich) apolitischer, in Wahrheit aber erzkonservativer Schriftsteller wie

Hans Egon Holthusen konnte bei aller „Bewunderung“ für Rilke zuletzt nicht umhin, ihm „anläßlich des 100. Geburtstages“ kopfschüttelnd anzulasten, das „Schöne“ sei bei ihm doch „auf eine maßlose Weise autonom geworden“.[47] So weit geht die zünftige, will sagen apolitische *und* apologetische Rilke-Forschung allerdings nie; nur ein paar entsprechende Vorbehalte wurden, wie zaghaft immer, auch von Stimmen aus ihren Kreisen, ob religiöser oder existentieller Provenienz, gelegentlich angemeldet.[48] Hingegen erklärte der weitaus kritischere Rudolf Hartung aus dem gleichen Anlaß wie Holthusen, daß natürlich der Dichter selber ebenfalls „durchaus konservativ“, ja mitunter „unbeschreiblich naiv und erzreaktionär“ gewesen sei. Man müsse schon „viel vergessen können“, heißt es in diesem umfangreichen Beitrag, „um die Armut und die Armen *so* zu feiern, wie Rilke das getan hat“. Hartungs Kritik läßt keinen Zweifel daran, daß derlei einzig und allein „dank der elitären Lebensbedingungen, die Rilke sich schuf bzw. die [. . .] für ihn geschaffen wurden“, überhaupt möglich war. Ja, unter deren Eindruck habe der Dichter sich zu Behauptungen verstiegen, mit denen er „die Grenzen seines Metiers zum Unsinn hin überschreitet“, heißt es bei Hartung ferner, dem Rilke zwar nicht als sanfter Unmensch erscheint, Rilkes Tun und Treiben aber immerhin eine „sanfte Vergewaltigung“ bedeuten.[49] Doch sind dies alles gleichwohl bloße Lappalien – gemessen nämlich an dem, was bereits der junge Brecht unter dem Stichwort „Rilke“ verzeichnet hat. Brechts lakonische Notiz stellt sogar noch den

Bennschen „Schmutz“ in den Schatten. Um daher „auch an einigen bisher unberührten [Rilke-]Lesern nicht spurlos vorüberzugehen“, wie Brecht in derartigen Fällen zu sagen pflegte,[50] sei seine Notiz hier vollständig wiedergegeben, zumal ihr Bezug auf das *Stunden-Buch* abermals kaum zu überhören ist. Wie also äußerte sich der rüde Bilderstürmer über Rilke? „In einigen seiner Gedichte“, schrieb Brecht, „kommt Gott vor. Ich richte Ihre Aufmerksamkeit darauf, daß Rilkes Ausdruck, wenn er sich mit Gott befaßt, absolut schwul ist. Niemand, dem dies je auffiel, kann je wieder eine Zeile dieser Verse ohne ein entstellendes Grinsen lesen.“[51] Neben dieser Breitseite nehmen sich abwertende Äußerungen von vergleichbarer Allgemeinheit – etwa aus der Feder Wolfgang Hildesheimers, für den Rilke das exemplarische „Scheingenie“ im Gegensatz zum echten und wahren Genie ist[52] – nicht bloß schonend, sondern geradezu liebenswürdig aus.

Aber bleiben wir trotzdem beim jungen Brecht der zwanziger Jahre! Es gibt von ihm auch eine ganz andere, sehr viel ernsthaftere Aussage über Rilke. Und nicht nur ihre Wiedergabe, sondern ihre genauere Betrachtung lohnt sich diesmal. Strenggenommen handelt es sich ohnehin um mehrere solcher Aussagen und gar nicht ausschließlich um den *jungen* Brecht; denn selbst noch in den dreißiger Jahren, ja noch im *Arbeitsjournal* aus der Exilzeit begegnen einschlägige Notizen. Ob man deshalb an ein förmliches „Studium Rilkes“ durch Brecht zu denken habe, wie das unlängst verkündet wurde,[53] ist freilich eine zweite Frage; jedoch „Kenntnis“ im

Sinne Krolows und frühe Vertrautheit mit dem Rilkeschen Schaffen dürfen wir bei Brecht wie bei Benn unbesehen voraussetzen. Vielleicht sollte man am Ende, nicht ohne Arglist, beide ihrerseits ein wenig durchschauen – nämlich als enttäuschte Rilke-Leser? (Auch der Autor des *Verschluckten Schluchzens* scheint ja, als schwarzes Schaf der Forschung und deren weißer Rabe zugleich, unter diese Kategorie zu fallen.) Benn zumindest hat nicht nur das erwähnte „Requiem“, sondern auch jene sechs sprichwörtlichen großen Würfe, die in formstiller Vollendung zu dauern bestimmt sind,[54] für Rilke gelten lassen. Das geht aus seinen Worten, aller Kritik ungeachtet, eindeutig hervor. Er war von Rilke abgestoßen und dennoch gebannt. Nicht so Brecht, der mit drei zynischen Sätzen das gesamte *Stunden-Buch* unter den Tisch fegte und später im *Arbeitsjournal* sogar die Grausamkeit besaß, das bekannteste und handwerklich vollkommenste der Rilkeschen Dinggedichte, den vielbewunderten „Panther“, kaltblütig abzutun. Rilkes lyrische Produkte seien „nicht gedichte mit empfindung, sondern gedichte über empfindungen“, dekretiert er in jener Eintragung, die vom 27. 10. 1941 stammt; und besonders „charakteristisch“ dafür sei – eine höchst zweifelhafte Auszeichnung – „das ‚berühmte‘ [. . .] gedicht [. . .] über den panther“. Denn was geschehe in ihm? Ein „unterdrückter, seiner freiheit beraubter tritt auf: der aristokrat! die schönheit der bestie, die unschuld im höheren sinn, die natur, die man nicht befragen soll. der spießer bedichtet die angelegenheit, erklärt seine unzuständigkeit, fragt aber doch: was muß der empfinden, in unsere hand gefallen? – übrigens ist es nicht die deutsche aristokratie, sondern die französische, die fremde." Gleichsam das Motto dazu bildet die von Brecht geprägte Formel: „RILKE oder die entwicklung des geschmacks auf kosten des appetits."[55]

Wir müssen uns mit dieser Kostprobe begnügen, da ich hier weder die ganze Eintragung abdrucken noch den abgedruckten Passus kommentieren kann. Doch ist das in unserem Zusammenhang auch keineswegs nötig.[56] Ich empfehle statt dessen, solche und ähnliche Aussagen Brechts (die sich ja nicht bloß auf Rilke,[57] sondern auf die Lyrikentwicklung insgesamt[58] beziehen) einmal gründlich und in Ruhe nachzulesen. Man kann aus ihnen nämlich, sosehr sie zunächst befremden oder schockieren mögen, allerhand lernen: so wie eben auch wir, für unsere spezifische Problemstellung, der besagten frühen Äußerung Brechts einiges entnehmen können. Er wird aus ihr, in weit stärkerem Maß als aus sämtlichen bisher betrachteten Zeugnissen, nochmals erkennbar, was es mit Rilkes ‚Antwort' auf die „soziale Frage", die er selbst in ironische, obschon unsichtbare Anführungsstriche setzte, in Wahrheit auf sich hat.

Das Zeugnis Brechts – hat man bemerkt, daß er wie Benn das Wort ‚bedichten' auf Rilke anwendet? – datiert vom Anfang des Jahres 1927 und verdankt seine Entstehung der Tätigkeit des bereits ziemlich arrivierten Avantgardisten als Preisrichter bei einem von der Zeitung *Die Literarische Welt* veranstalteten Lyrikwettbewerb. Der Text selber zerfällt in zwei

Teile: einen etwas größeren, der damals, unmittelbar nach Rilkes Tod, veröffentlicht wurde, und einen angehängten kleineren, der nach der Niederschrift – aus welchen Gründen auch immer – in Brechts Schublade verschwand und erst aus dessen Nachlaß an die Öffentlichkeit gelangte. Im seinerzeitigen Votum, das unter dem Titel „Kurzer Bericht über 400 (vierhundert) junge Lyriker" am 4. 2. 1927 in der *Literarischen Welt* erschien, lautet die auf Rilke bezügliche Stelle eher beiläufig: „Ich muß hier zugestehen, daß ich von der Lyrik Rilkes (eines sonst wirklich guten Mannes), Stefan Georges und Werfels wenig halte . . ."[59] Das klingt ganz unverfänglich, mutet als Bekenntnis jedoch reichlich zwiespältig an. Denn was daran auffällt, ist ja wiederum zweierlei: zum einen, *daß* Rilke innerhalb der pauschalen Aburteilung durch Brecht lobend hervorgehoben wird, und zum anderen, *wie* Brecht dabei verfährt. Aber wird Rilke tatsächlich von ihm gelobt? Wenn bald darauf summarisch von der „Sentimentalität, Unechtheit und Weltfremdheit" solcher „Vorbilder" die Rede ist,[60] wird er jedenfalls – stillschweigend – nicht mehr davon ausgenommen. Und was heißen, sieht man näher zu, Wendungen wie ‚sonst' und ‚wirklich gut' in Brechts zwielichtigem Eingeständnis? Will er mit letzterer, sei es im Ernst oder seinerseits ironisch, auf Rilkes ‚Güte', seine ‚Gutherzigkeit' gegenüber den Armen und mithin sein prekäres Verhältnis zum Gesellschaftlichen überhaupt anspielen? Oder vollends jene so großzügig wirkende Konzession! Zu fragen wäre denn schließlich doch, was „sonst" übrigbleibe, wenn vom Werk eines derart der Lyrik verpflichteten Dichters wie Rilke ebendiese Lyrik abgezogen wird ... Seine *Aufzeichnungen des Malte Laurids Brigge*, wird man vermutlich entgegnen; und zu Recht. Sollte Brecht also ausgerechnet sie besonders geschätzt haben? Erwähnt werden sie von ihm freilich nirgends, soweit ich feststellen kann; und man darf zumindest wieder fragen, ob nicht auch er sie, wie dann Albert Camus, als ein „unbedeutendes Buch" eingestuft hat oder hätte.[61] Umgekehrt schreibt er dafür in seinem „Kurzen Bericht" vom Lyrikschaffen nicht nur der drei Genannten, sondern der gesamten „Epoche des Im- und Expressionismus", daß es zwar zumeist bloß „aus hübschen Bildern und aromatischen Wörtern" bestanden, trotzdem aber ein paar „Ausnahmen" hervorgebracht habe. „Es gibt darunter gewisse Glückstreffer, Dinge, die man weder singen noch jemand zur Stärkung überreichen kann und die doch etwas sind",[62] räumte Brecht immerhin ein – und möchte man nicht auch hier, angesichts der Sonderstellung Rilkes, abermals an diesen denken? Es kommt hinzu, daß ein ‚guter Mann' für den jungen Brecht, der sich bekanntlich gern, und namentlich im Hinblick auf Lyrik, der Sportler- und insbesondere Boxersprache bediente, im Sinne dieses Jargons ein tüchtiger und wackerer, ein ordentlicher, in seinem Metier erfahrener und mithin achtbarer Mann war. Die Bezeichnung beinhaltete für ihn durchaus Lob und Anerkennung. Wie sehr sie dies tat, belegt zum Beispiel, was Brecht ungefähr zur selben Zeit über George Bernard Shaw schrieb, den er ja unleugbar

(„wirklich") anerkannt und entsprechend gelobt und lobend hervorgehoben hat. Lapidar wird von Shaw versichert: „Er ist [. . .] ein guter Mann." Denn, wie Brecht parenthetisch einschiebt, „was könnte man von einem Mann viel mehr sagen"?[63] – Sollte demnach dieser junge Brecht, unähnlich Benn und doch mit ihm verwandt, ein nachmals schlimm ernüchterter, ursprünglich aber wesentlich weniger kritischer und ablehnender Rilke-Leser gewesen sein? Oder hätte ihn seinerzeit lediglich ein Anflug von Pietät davon abgehalten, über den soeben Verstorbenen mit der üblichen Schnoddrigkeit und Unverfrorenheit herzufallen?

Denn im zweiten Teil seiner damaligen Aussage, dem zunächst unveröffentlicht gebliebenen, urteilt Brecht entschieden negativer. Der eigentliche Prügelknabe ist dabei zwar, wie so oft bei ihm, Stefan George; doch Brechts Abrechnung erfolgt jetzt, Variation aufs Thema,[64] nicht minder generell als scharf. Sein Votum musternd, das selbstredend aufs heftigste kritisiert und angegriffen worden war, hielt er sozusagen dokumentarisch fest: „Tatsächlich hatte ich ausgeführt, daß das Zeug, das ich hier zu lesen bekommen hatte, mir keinen rechten Nutzen zu haben schien, und ich war anscheinend gesonnen, alles aus einer bestimmten Richtung Kommende nur passieren zu lassen, wenn es einen direkten, handgreiflichen, meinetwegen ganz plumpen Nutzen hätte. Die Richtung war eine bourgeoise gewesen, und damit sich der Leser etwas darunter vorstellen könne, hatte ich die Gerade ein wenig verlängert und die Namen Rilke, Stefan George und

Werfel zur Verfügung gestellt. Von allen diesen Leuten wollte ich nichts [nicht][65] direkt und unbestreitbar Nützliches passieren lassen. [. . .] Diese ganze Generation hatte [. . .] keineswegs die Möglichkeit, das Publikum in beglücktes reines Schauen zu versenken. Im Gegenteil glaubte ich von dieser Generation verlangen zu müssen, daß sie nichts unversucht ließ, sich nützlich zu machen. Ich will Stefan George nicht für den Weltkrieg verantwortlich machen. Aber ich sehe keinen Grund dafür, daß er sich isolierte." George, „dieser naive Weise" oder gar Säulenheilige an belebter Straße, wie er anderswo heißt,[66] muß noch etliche Hiebe einstecken, bevor Brecht knapp und schnöde bestimmt: „Kurz: alle diese Leute, über die man ganz ruhig und ohne fromme Scheu sprechen sollte, haben keinen Schönheitswert und müssen arbeiten." Erst daran schließt sich, nach einem Einschnitt, die verblüffende und doch zwingende, für uns so überaus bedenkenswerte Folgerung: „Ich behaupte nunmehr, daß beinahe die gesamte, vor allem aber der repräsentative Teil der Dichtung der ausgehenden Bourgeoisie, um reinen Schönheitswert zu erreichen, viel zuviel klassenkämpferische Tendenz in sich hat. Auch wenn es nicht ein Marxist sein sollte, der am Ende dieser interessanten Epoche die Spreu vom Weizen zu scheiden haben wird, wird er, so vage dies heute klingen muß, etwa die Dichtung Stefan Georges, Rilkes oder Werfels (und dazu beinahe alles andere) überhaupt nicht verstehen können, wenn er sie nicht als Manifeste des Klassenkampfes betrachtet. Die Spiegelung einer Lämmerherde in den reinen Augen eines Menschen von großer Natur müßte einen großen Wert haben, ebenso der Gesang eines in den Genuß seiner eigenen Stimme versunkenen Sängers. Aber diese Leute haben weder reine Augen noch schöne Stimmen. Und gar keine Natur. Sie sind Besitzer von Lämmerherden oder solche, die auf Lämmerherden infolge seelischer Überbeschäftigung verzichten." Und als ob Brecht allerjüngste Rilkeasten vom Schlage Kirschs vorausgesehen und ihre ‚Argumente' geahnt hätte, fügte er, indem er den Spieß umdrehte, so warnend wie wortspielerisch hinzu: „Die gewisse Leichtigkeit des Tones, mit der ich dies feststelle, darf nicht über den Ernst des Aspektes hinwegtäuschen. Es ist mir nur, so wie allen, die heute ehrlich über derlei schreiben, genant, bei einer allzu ernsten Betrachtung unernster Dinge überrascht zu werden."

In der Tat, die unernste Sache ist so unernst nicht, sowenig wie ihre konkrete Behandlung. Brechts Verdikt über Rilke und dessen Generation – nicht zu vergessen etwa Hugo von Hofmannsthal[67] – klingt heutigentags ganz und gar nicht mehr „vage"; auch braucht man weder marxistischer Neophyt noch avantgardistischer Bilderstürmer zu sein, um es zu teilen. Und „genant" ist dies allenfalls für jemanden, der gleich George und Rilke „seelischer Überbeschäftigung" frönt, weil er gleich ihnen, bildlich oder unbildlich gesprochen, „mit Leuten verkehrt, die von Renten leben", wie Brecht bei ähnlicher Gelegenheit anmerkte.[68] Der lustige Ideologiekritiker wußte haargenau, worum es ging; und er war „ehrlich" genug, das häßliche Kind beim

Namen zu nennen. Ja, seine Einsichten treffen, auch und gerade für uns, den Nagel dermaßen auf den Kopf, daß ich mich nicht wundern würde, wenn sich nachträglich noch herausstellen sollte, daß er dabei nicht zuletzt ans *Stunden-Buch* und vielleicht sogar an unser Gedicht aus dem *Buch von der Armut und vom Tode* gedacht hat. Mindestens eines seiner zwei Beispiele, nämlich das ausführlichere und aussagekräftigere von den „Lämmerherden" und deren „Besitzern", könnte ohne weiteres daraus stammen. „Reich" seien zwar „viele", gesteht Rilke dort – freilich nur, um im selben Atemzug klagend zu beteuern: „aber die Reichen *sind* nicht reich." Sie seien es jedenfalls, erläutert er seinem nachbarlichen Unterredner Gott, nicht so

> [. . .] wie die Herren deiner Hirtenvölker,
> der klaren, grünen Ebenen Bewölker [,]
> wenn sie mit schummerigem Schafgewimmel
> darüber zogen wie ein Morgenhimmel.
>
> (I, 353 f.)

Ob dem *Stunden-Buch*-Gott schwante, daß sich in Rilkes Schaf- und Metapherngetümmel kitschige Lämmerwölkchen à la Friederike Kempner verbergen? Dem boshaften Brecht ist es sicherlich aufgefallen. Und ich zweifle nicht, daß er auch bei diesem ‚sch(w)ummerigen' Ausdruck ein gewisses „entstellendes Grinsen" kaum zu unterdrücken vermochte.

Doch nicht auf Quellennachweise[69] oder Stilfragen kommt es hier an. Den Ausschlag gibt vielmehr, was in Brechts Diatribe zum (fehlenden) „Gebrauchswert",[70] zum (mangelnden oder nicht völlig „reinen") „Schönheitswert", vor allem aber zu der im Gegensatz dazu überreichlich vorhandenen „Tendenz" dieser Art Lyrik festgestellt wird. Dabei dürfen wir getrost voraussetzen, daß Brecht „ebensogut wie die meisten anderen Leute darüber informiert" war, daß es – und das war keine leere Floskel für ihn – „in der Kunst [. . .] Werte gibt, die sozusagen nichts nützen";[71] und wir dürfen ferner davon ausgehen, daß für ihn „der repräsentative Teil" der spätbürgerlichen, wenn auch nicht notwendig imperialistischen[72] Dichtung durch das Lyrikschaffen Rilkes auf besonders eindrucksvolle und zugleich erhellende Weise repräsentiert wurde. Dessen Versen eignet also, laut Brecht, eine Tendenz, ja „viel zuviel" davon, als daß ihnen „beglücktes reines Schauen" (oder Singen) erreichbar oder gar vermittelbar gewesen wäre; und diese Tendenz sei auch beileibe nicht lediglich eine als „klassenkämpferische" zu denunzierende. Nein, der Historiker werde dereinst, hören wir verdutzt oder bereits nicht mehr so verdutzt, die von ihr verseuchten Verse „überhaupt nicht verstehen können", wenn er sie nicht geradezu „als Manifeste des Klassenkampfes" betrachte. Nämlich – des Klassenkampfes von oben, von seiten der Herrschenden und Besitzenden. Brecht hat den Spieß auch in diesem Fall wieder umgedreht, hat die angeblich reinen und ‚absoluten', von jeglicher Tendenz gänzlich freien Gedichte Rilkes als durch und durch tendenziöse Manifestationen einer ganz bestimmten Klasse und Klassenhaltung entlarvt. Denn der Begriff ‚Manifest' ist, so verwendet, ja nicht bloß ein raffiniertes polemisches *quid pro quo*, das gleichsam von Widerhaken starrt, sondern auch etymologisch voller Nücken: er bedeutet ebensosehr Kundgebung wie Kundgabe, poetische Grundsatzerklärung wie Offenbarung oder Enthüllung bzw. Selbstenthüllung. Diese Lyrik enthält, will Brecht sagen, ideologische Losungen oder doch ‚Botschaften' und mithin verschleierte (vielleicht vor sich selbst verschleierte) Wirkungsintentionen und -möglichkeiten; sie ist bis zum Überquellen mit pragmatisch Geschichtlichem und Gesellschaftlichem gefüllt und belastet und, aller persönlichen „Weltfremdheit" ihres Dichters zum Trotz, unlösbar in die materiellen Bedingungen und Gegebenheiten des modernen Lebens verstrickt. Nicht „Natur" kennzeichnet sie, sondern „Sentimentalität"; nicht wirkliche, echte „Empfindung",[73] sondern „Unechtheit"; nicht wahre Schönheit, sondern künstliche Aufschönung, ästhetizistischer „Glanz". Ohne sich mit Einzelheiten wie Verdinglichung des Menschen oder Verräumlichung und Aufhebung der Zeit und dergleichen abzugeben, hat der junge Brecht Rilkes doppelte (und doppelt fragwürdige) ‚Antwort' auf die „soziale Frage" mit unnachsichtlicher Härte aufgedeckt – und zwar nicht nur dessen bewußt vorgenommene Verklärung des Phänomens der Armut, sondern auch das, was diese Verklärung gewollt oder ungewollt zur Folge hat: die radikale Zementierung der bestehenden Herrschafts- und Besitzverhältnisse mit allem, was ein solcher mißbräuchlicher Gebrauchswert einschließt. Sagen wir es ruhig, wie Brecht rät, „ohne fromme Scheu“: Die Schönheit der Rilkeschen Dichtung hat etwas durchaus Schädliches, ja Gefährliches; der Nutzen, den sie stiftet, ist ein ‚rein‘ negativer. Und insofern können wir tatsächlich die vorhin emendierte schwierige, geradezu paradoxe Textstelle, wonach wir von Rilke und seinesgleichen „nichts direkt und unbestreitbar Nützliches passieren lassen“ sollen, genauso auch ohne Emendation lesen. Hier wie fast überall in Rilkes Werk entpuppt sich das emanzipatorisch oder utopisch Scheinende als reaktionär, lenkt die vermeintliche Fortschrittlichkeit, in die man ihn heutzutage bugsieren möchte, „zur unbeugsamsten Auffassung des gesellschaftlich Gegebenen zurück, die denkbar ist“. So der ketzerische Germanist Schwarz,[74] ebenfalls mit äußerster Härte und Schärfe. Er hätte wohl schwerlich gezögert, sich für diese von ihm mehrmals formulierte Erkenntnis (Rilkes „Absage an jede Veränderung der Gesellschaft“ usw.)[75] auch der halb rohen und polternden, halb listig-verschmitzten, aber darum nicht minder treffenden Worte Brechts zu bedienen ... wäre nicht dessen Rilke-Diatribe mitsamt den anderen Brechtschen Aussagen über diesen Dichter seiner Aufmerksamkeit zufällig entgangen.

Denn Brechts Kritik, namentlich ihre Bloßlegung der Gesellschaftsbezogenheit gerade des scheinbar Gesellschaftsfernsten, trifft den Nagel auch im Sinne von Schwarz auf den Kopf. Er, wie gesagt, ist der einzige in der gesamten Forschung, der sich weder durch das suggestive Selbstverständnis des Dichters noch durch die wiederholten Versicherungen von dessen zahlreichen Freunden oder vollends durch die massive Apologetik, ja manchmal absichtliche Vernebelungstaktik der Rilke-Gemeinde hat irreführen lassen. Das zeigt sich mit besonderer Deutlichkeit an seiner Betonung von Rilkes Verhältnis zur Umwelt, Zeit und Geschichte. Zu letzterer glaubte dieser ja nicht einmal im Ansatz eine Beziehung zu haben. „[. . .] denn die Geschichte ist mir dunkel", raunte Rilke, mitten im Ersten Weltkrieg, in einem Brief an die Fürstin Marie Thurn und Taxis.[76] Auch der sonst keineswegs unkritische Kassner bekräftigte dies, und gleich zweimal. „Rilke fehlte jeder Sinn für die Idee des Geschichtlichen", unterstrich er im Rückblick; dieser Dichter habe einfach „kein Gefühl für Geschichte, für deren pragmatischen Verlauf" gehabt.[77] Und was Rilkes Beziehung zur Umwelt anbelangt, so bekundete Harry Graf Keßler unterm 18. 11.1910 in einem Brief an Hofmannsthal mit schöner Vollständigkeit: „Er ist eine unendlich reine, vornehme Natur und von einer wohltuenden [!] Abgeschiedenheit gegen das Materielle des Lebens."[78] Angesichts solcher und verwandter Berichte und Äußerungen – an Anekdoten herrscht ja ebenfalls kein Mangel – neigen selbst die wenigen, die neben Schwarz grundsätzliche Bedenken gegen Rilke vorgebracht haben, zu einer vereinfachenden Deutung, indem sie etwa seine aus Zeitenthobenheit und beklemmender Zeitnähe gemischte Haltung einseitig als „reaktionäre Zeitentfremdung"[79] kennzeichnen. Der schon zitierte Hartung spricht zum Beispiel mit Bezug auf einen Rilkeschen Spätbrief, der allerdings „ziemlich schauerlich" ist, von den besagten „Grenzen [. . .] zum Unsinn hin", die darin überschritten würden – es sei denn, wie er sogar argwöhnt, man wolle derlei „als Zugeständnis und Geschenk an jene Bevorzugten [. . .] verstehen, auf deren Besitztümern der heimatlose Dichter ein so gern gesehener Gast war". Derselbe Kritiker meint jedoch zugleich, Rilke habe zwar „ein ausgeprägtes Verhältnis zum Raum" besessen, „keines" hingegen „zur Zeit (und damit auch nicht zum Fortschreiten in der Zeit und zur Aktion)" – womit die an sich richtige, auch durch unsere Textanalyse bestätigte Beobachtung wiederum unzulässig vereinseitigt wird.[80] Schwarz hat demgegenüber von vornherein bezweifelt, „daß Rilke [. . .] ganz ungeschichtlich gewesen sei", was ja ohnehin „eine Unmöglichkeit im historistischen Zeitalter" wäre; man müsse sich vielmehr, obwohl mit Einschränkungen, dazu bequemen, in den Briefen wie vollends in den Werken dieses Dichters eine Aktualität inmitten aller „wohltuenden Abgeschiedenheit" und, kurz und gut, „historisches Denken" zu erkennen.[81] Rilke war eben auf Zeit und Umwelt, Geschichte und Gesellschaft und selbst aufs unmittelbare Tagesgeschehen und dessen Auswirkungen stets sowohl bezogen als auch nicht bezogen; und was Schwarz mit Fug und Recht betont, ist nichts anderes als das widersprüchliche Ineinander, das wir bereits im großen am statischen *Stunden-Buch*, im kleinen aber an dem so sozial, ja sozialutopisch und geradezu sozialistisch klingenden Status quo-Gedicht, von dem wir ausgegangen sind, konstatiert haben.

Statt zu versuchen, den Dichter mit der Aura abstrakter Fortschrittlichkeit zu umkleiden, täte man, scheint mir, besser daran, ihn ins Licht seiner konkreten Zeitgenossenschaft zu rücken (oder meinetwegen zu zerren) und seine berühmten Verse mit ebenso berühmten von George oder noch berühmteren von Hofmannsthal zu vergleichen. Vor dem Hintergrund beispielsweise von dessen 1896 erschienenem „Schicksalslied" (Rudolf Borchardt) enthüllen sich die Geschicke derer, die Rilke bedichtete und besang, wie auch das beglückte Los, das ihm selber gefallen war, in nochmaliger – so ironischer wie poetischer – Brechung. Wo nämlich Rilke jubelnd ausbrach: „DENN sieh: sie werden leben und sich mehren", gestand Hofmannsthal leise und stockend:

Manche freilich müssen drunten sterben,
Wo die schweren Ruder der Schiffe streifen,
Andre wohnen bei dem Steuer droben,
Kennen Vogelflug und die Länder der Sterne.

Manche liegen immer mit schweren Gliedern
Bei den Wurzeln des verworrenen Lebens,
Andern sind die Stühle gerichtet
Bei den Sibyllen, den Königinnen,
Und da sitzen sie wie zu Hause,
Leichten Hauptes und leichter Hände.

Doch ein Schatten fällt von jenen Leben
In die anderen Leben hinüber,
Und die leichten sind an die schweren
Wie an Luft und Erde gebunden:

Ganz vergessener Völker Müdigkeiten
Kann ich nicht abtun von meinen Lidern,
Noch weghalten von der erschrockenen Seele
Stummes Niederfallen ferner Sterne.

Viele Geschicke weben neben dem meinen,
Durcheinander spielt sie alle das Dasein,
Und mein Teil ist mehr als dieses Lebens
Schlanke Flamme oder schmale Leier.[82]

Man hat auch hier neuerdings von „bedenkenloser Ästhetisierung des Lebens“ und einer „unbewußten Logik des Eigeninteresses“ gesprochen[83] und damit das Hofmannsthalsche Gedicht mit Begriffen charakterisiert, die mindestens ebensosehr, ja weit eher für seinen kakanischen Landsmann Rilke gelten. Denn ob man dem Wiener mit ihnen vollauf gerecht wird, möchte ich lieber nicht entscheiden – was aber den Prager betrifft . . . Und waren, Hand aufs Herz, dessen „Logik“ und dessen „Eigeninteresse“ wirklich so unbewußt? Rilke, der gewiß, um wieder mit Brecht zu reden, alles andere als ein „Besitzer von Lämmerherden“ heißen durfte, hat von der Nutznießung an ihnen (oder, deutlicher, an Liegenschaften und Aktienbündeln) zeitlebens profitiert. Es fand sich, wie Benn dies ausdrückte, „immer noch ein gräfliches Schloß“, von wo aus er nicht allein die bestehende Armut, sondern das schlechte Bestehende insgesamt verklären und verherrlichen konnte.

Davon indes wollte und will die zünftige Rilke-Forschung nichts wissen. Ist es nicht bezeichnend, daß anscheinend alles, was ihr zu unserem Gedicht ein- oder an ihm auffiel, zwei blasse, magere Fakten sind: nämlich einerseits die überflüssige (und zudem unvollständige) Mitteilung, daß in ihm eine „Anlehnung an die Sprache der Bergpredigt" stattfindet, und andererseits der so sinnige wie unbestreitbare Hinweis, daß es am 19. 4. 1903 ausgerechnet in Viareggio an der tyrrhenischen Küste, dem mondänsten Seebad Italiens, verfertigt worden ist?[84] Man verstehe mich nicht falsch; ich will die Verdienste jener Forschung sowenig schmälern, wie ich sämtliche Invektiven Benns und Brechts oder sonstige Schockübertreibungen und wüsten Ausfälle uneingeschränkt billige. Das vernichtende Urteil über Rilkes ‚Antwort' auf die „soziale Frage", zu dem wir gelangt sind, bleibt davon gleichwohl unberührt. Wer es aber nach wie vor für ein Ergebnis hämischer Spitzfindigkeit oder gar gehässiger, böswilliger Unterstellungen hält, der sei zum Schluß nochmals auf den Dichter selber verwiesen. Denn Rilke hat sich seinerseits – in Werken wie Briefen, mittelbar und unmittelbar – mit zuweilen wahrhaft schockierender Offenheit geäußert. Anders gesagt: Er hat uns nicht nur, wie wir früher feststellten, selbst vorgezeichnet, welcherart ihm (ideologie)kritisch am besten beizukommen sei, sondern hat auch selbst die besten Belege für die Richtigkeit des Resultats geliefert, das sich dabei mit Notwendigkeit ergeben mußte.

Daß die „Stunden-Buch-Verfassung"[85] im Grunde sein ganzes Schaffen durchzieht, wurde von Rilke mehrfach mit Nachdruck hervorgehoben. In der Tat begegnet sie, gerade auch unter unserem

Aspekt, bis in die allerspätesten Jahre so deutlich wie schon im Frühwerk, ja noch viel deutlicher als dort. Um bloß zwei Beispiele anzuführen: Nicht etwa nur die *Geschichten vom lieben Gott*, erstmals erschienen 1900, sind von ihr bestimmt, sondern darüber hinaus und erst recht der 1922 entstandene, aber erst posthum veröffentlichte Schlüsseltext mit dem Titel „Der Brief des jungen Arbeiters". Sogar von seinen großen Elegien behauptete Rilke, und noch Ende 1925 im vielzitierten Brief an seinen polnischen Übersetzer, dem sogenannten Hulewicz-Brief, sie seien letzten Endes lediglich „eine weitere Ausgestaltung jener wesentlichen Voraussetzungen, die schon im ‚Stundenbuch' gegeben waren".[86] Wenn irgendworin, so darf die Forschung ihm hierin rückhaltlos beipflichten. Der Unterschied zwischen dem frühen und dem späten Rilke, dem *Stunden-Buch* und den *Duineser Elegien*, so lesen wir denn auch ganz unmißverständlich bei Mason, „amounts ideologically to so little as to be almost negligible".[87] Doch werfen wir noch rasch einen Blick auf die Texte selber. Rilkes *Geschichten vom lieben Gott* enthalten nämlich eine ausdrückliche Antwort auf unsere hartnäckige Frage – eine Antwort, die wir nun nicht mehr durch Gänsefüßchen zu ironisieren brauchen, obwohl sie wahrhaftig nichts zu wünschen übrigläßt. Oder sollen wir sie mit besonders dicken Strichen umrahmen? „Warum der liebe Gott will, daß es arme Leute giebt [*sic*]": so ist doch tatsächlich eine dieser Geschichten überschrieben (vgl. IV, 302 ff.). Und in ihr wird wortwörtlich die „soziale Frage" aufgeworfen und, wie auch im „Brief des jungen Arbeiters“ und in anderen Selbstzeugnissen Rilkes, auf die für ihn höchst bezeichnende, uns inzwischen längst vertraute Weise ‚gelöst‘.

Sie wird, heißt das, nicht bloß unter der Hand zurückgewiesen, sondern in der Person des Lehrers, der im „Vorstand des [. . .] Armenvereins“ tätig ist und sich davon eine „Beförderung“ erhofft, schlechthin lächerlich gemacht. Die Armut, muß sich dieser Spießer und Banause vom Dichter belehren lassen, ist buchstäblich gottgewollt, und zwar zu einem viel höheren Grad als je zuvor; denn durch sie wird das eigentliche Wesen des Menschen sichtbar, dessen wahre Schönheit, ja Wahrheit und Schönheit zugleich. Was nämlich erblickt Rilkes lieber Gott in jener Geschichte, als ihm, in aufschlußreicher Umkehrung oder Perversion, eine geheime Offenbarung zuteil wird? Dies:

> Ein ganz kleines Häuschen mit mehreren Menschen drinnen, die alle sehr wenig anhatten, denn sie waren sehr arm. ‚Das also ist es‘ –, dachte der liebe Gott, ‚arm müssen die Menschen sein. Diese hier sind, glaub ich, schon recht arm, aber ich will sie so arm machen, daß sie nicht einmal ein Hemd zum Anziehen haben.‘ So nahm sich der liebe Gott vor.

Falls ein solcher Galimathias irgendeinen Sinn haben soll, so kann es abermals nur der einer radikalen, geradezu brutalen Ästhetisierung jedweder Armut sein. „Denn Gott und die Künstler haben dasselbe Vermögen und dieselbe Armut, je nachdem“, verkündete Rilke so kryptisch wie unzweideutig, ebenfalls schon in seinen *Geschichten vom lieben Gott* (vgl. IV, 372). Wie die Armut, so wird auch alles andere ästhetisiert, insbesondere das Religiöse. „Aber es war doch", schwärmt Rilke, „schön!" Nämlich was? Das – übrigens vergebliche – Warten auf den lieben Gott (vgl. IV, 396). Worauf das Ganze hinausläuft, erweist sich als ein pseudoreligiöser Ästhetizismus, der gegen jedes soziale Anliegen dermaßen abgeschirmt ist, daß er nicht einmal pseudosozial genannt zu werden verdient, der jedoch dafür bis ins einzelne mit allem übereinstimmt, was wir dem *Buch von der Armut und vom Tode* entnommen haben. Die Verdinglichung des Menschen ist in ihm ebenso angelegt und ausgesprochen wie die Verräumlichung und Aufhebung der Zeit. Von der Figur des lahmen Ewald sagt uns Rilke zum Beispiel rundheraus: „Seine Unbeweglichkeit [. . .] macht ihn [. . .] zu einem Ding" (obzwar, versteht sich, „zu einem den anderen sehr überlegenen Ding" [vgl. IV, 316]). Und mit der gleichen Feierlichkeit wird uns eröffnet: „Es giebt [*sic*][88] nichts Weiseres als den Kreis" (IV, 360). Rilke dachte statisch, allerhöchstens zyklisch, nicht jedoch linear oder gar progressiv. Mit dem Öl des Fortschritts war dieser Dichter sowenig gesalbt wie sein Ich-Erzähler oder sonst eine seiner Gestalten, weder hier noch anderswo. Davon, daß die „Zukunft den Armen" gehöre, wozu selbst die ökumenische Exegese des *Stunden-Buches* gläubig neigt,[89] kann bereits in den *Geschichten vom lieben Gott* keine Rede sein.

Über zwei Jahrzehnte danach entstand Rilkes „Brief des jungen Arbeiters“. Er ist ein in vieler Hinsicht bemerkenswertes Dokument, für uns aber vor allem darum unschätzbar, weil er eine überaus offenherzige Paraphrase dessen bietet, was in unserem Gedicht als verhüllte Seligpreisung erscheint. Die Stelle ist so naiv wie unerhört. Denn was besagt es, wenn die Armen „niemals sich entfernten / und still im Regen standen ohne Dach“? „Ich meine das so“, erklärt, stellvertretend für Rilke, dessen „unwahrscheinlicher Fabrikarbeiter“ (Schwarz), der eigentlich ein angestellter Kleinbürger ist:[90]

> Man sollte sich anstrengen, in jeder Macht, die ein Recht über uns beansprucht, gleich alle Macht zu sehen, die ganze Macht, Macht überhaupt, die Macht Gottes. Man sollte sich sagen, es giebt nur *eine*, und die geringe, die falsche, die fehlerhafte *so* verstehen, als wäre sie das, was uns mit Recht ergreift. Würde sie nicht unschädlich auf diese Weise? Wenn man in jeder Macht, auch in arger und boshafter, immer die Macht selbst sähe, ich meine *das*, was zuletzt recht behält, mächtig zu sein, überstünde man da nicht, heil sozusagen, auch das Unberechtigte und Willkürliche?
>
> (VI, 1121)

Er sei freilich „jung“, räumt der Briefschreiber ein, und es sei „viel Aufbegehrung“ in ihm, weshalb er „nicht versichern“ könne, daß er „in jedem Falle, wo Ungeduld und Unlust mich hinreißen“, nach dieser „Einsicht“ handeln werde (vgl. VI, 1121 f.). Doch „im Innersten“ wisse er,

> daß die Unterwerfung weiter führt als die Auflehnung; sie beschämt, was Bemächtigung ist, und sie trägt unbeschreiblich bei zur Verherrlichung der richtigen Macht. [. . .] Warum also nicht gleich in jener, in der wir uns vorfinden, die größeste Gewalt sehen, unbeirrt durch ihre Schwächen und Schwankungen? Irgendwo stößt die Willkür von selber ans Gesetz, und wir ersparen Kraft, wenn wir ihr überlassen, sich selber zu bekehren.
> (VI, 1122)

„Das", kommentiert Schwarz erbittert, „ist das Gottesgnadentum eines jeden Mißbrauchs auf Erden, der Verzicht auf weltliches Recht und Gesetz, die Legitimierung einer jeden Ordnung bloß um der Ordnung willen, die vorausgehende Einwilligung in jede Verknechtung des Menschen . . ."[91] Rilke liefere hier „die moderne Entsprechung eines Luthertums striktester Observanz", das „der weltlichen Macht, selbst der korruptesten", jedes nur irgend denkbare Zugeständnis mache. „Und trotz des akutesten Leidens an der Verkehrtheit der äußeren Umstände wird jeder noch so zaghafte Wunsch nach Befreiung resolut ins unsichtbare Innere verwiesen."[92]

Osmosen der Innerlichkeit! Denn natürlich ließen sich auch diesmal die Entsprechungen zu dem aus Rilkes Versen Entwickelten aufzeigen, etwa wo es im „Brief des jungen Arbeiters" heißt: „Ja, es kommt mir fast unrecht vor, noch *Zeit* zu nennen, was eher ein neuer Zustand des Freiseins war, recht fühlbar ein *Raum* . . ." (VI, 1117). Doch der dubiose Vorrang gebührt in unserem Falle unstreitig einigen echten Briefzeugnissen Rilkes, die dessen fingiertes, vermutlich an den ja wirklich der Zeit und dem Sozialismus zugewandten belgischen Dichter Emile Verhaeren gerichtetes nicht bloß bedeutsam ergänzen, sondern – soweit derlei überhaupt möglich ist – sogar noch überbieten. Und zwar handelt es sich um einen Brief an Hermann Pongs vom 21. 10. 1924 sowie um zwei weitere aus den eingangs erwähnten *Lettres milanaises* vom Anfang des Jahres 1926, also des Rilkeschen Todesjahres. Diese sinistre Trias, zusammen mit dem „Brief des jungen Arbeiters", stellt nach Schwarz,[93] dem man wiederum mehr als zustimmen muß, „Rilkes politisches [und soziales, in Wahrheit aber antisoziales] Testament" dar.

Am wichtigsten daraus ist der Brief an Pongs. Sein entscheidender Abschnitt bildet nämlich erneut, im vollsten Wortsinn, eine unverblümte und unerhörte Rilkesche Antwort auf die bewußte heikle Frage. Pongs hatte dem Dichter gewissermaßen einen inquisitorischen Leserbrief auf die Brust gesetzt, indem er unbescheiden erfahren wollte: „Wodurch waren die starken sozialen Neigungen beeinflußt, die in den ‚Wegwarten' zum Ausdruck kamen?"[94] Gemeint war die frühe Sammlung *Wegwarten* von 1895, mit dem Zusatz ‚Lieder, dem Volke geschenkt', die auch einen redseligen Vorspruch enthält, der im Auszug lautet:

> *..... Ihr gebt eure Werke in billigen Ausgaben. –*
> *Ihr erleichtert dadurch den Reichen das Kaufen;*

den Armen helft ihr nicht. Den Armen ist Alles zu teuer. Und wenn es zwei Kreuzer sind, und die Frage heißt: Buch oder Brot? Brot werden sie wählen; wollt ihrs verargen? Wollt ihr also Allen geben, – so gebt! –

(III, 112)

Wer in einer dem Anschein nach so selbstlos-philanthropischen Verlautbarung auf so engem Raum gleich fünf Pünktchen, drei Gedankenstriche und ein Ausrufezeichen nebst Sperrung setzt, gibt zu Zweifeln Anlaß. Erschwerend kommt hinzu, daß Rilke unter Berufung sogar auf Paracelsus anfügt, er hoffe von seinen Liedern, sie „*vielleicht [. . .] zu höherem Leben [. . .] in der Seele des Volkes*" erwachen zu sehen; er selbst sei zwar „*arm*", doch eine solche Hoffnung mache ihn „*reich*". Der junge Herausgeber schloß so berechnend wie blumig: „*Die ‚Wegwarten' werden ein- bis zweimal jährlich erscheinen. Pflückt sie, und mögen sie euch zur Freude sein!*" (vgl. ebd.).

Ich halte das, offengestanden, weniger für stark sozial als vielmehr für weidlich kokett. Und Rilkes Antwort an Pongs, ein Menschenalter später, ist kaum dazu geeignet, diesen Verdacht zu zerstreuen; ganz im Gegenteil. Der Dichter mag ja damals, als Zwanzigjähriger, dergleichen vage empfunden haben; auch wird immerhin spürbar, daß ihm das Konkret-Materielle der Armut nicht gänzlich fremd war. Im Brief an Pongs aber erklärt er von der Kategorie des Sozialen, daß man Unrecht hätte, irgendeine meiner Bestrebungen in diese Rubrik einzuordnen. Ein menschlich Gleichgesinntes, ein Brüderliches ist mir freilich unwillkürlich und muß in meinem Wesen angelegt sein [. . .]. Was aber eine solche freudige und natürliche Zuwendung vom Sozialen, wie es die Leute verstehen, durchaus unterscheidet, ist die völlige Unlust, ja Abneigung irgendjemandes Lage zu verändern, oder, wie man sich ausdrückt, zu verbessern. Niemandes Lage in der Welt ist so, daß sie seiner Seele nicht eigenthümlich zustatten kommen könnte. Es scheint mir nichts als Unordnung zu stiften, wenn die allgemeine Bemühung (übrigens eine Täuschung!) sich anmaßen sollte, die Bedrängnisse schematisch zu erleichtern oder aufzuheben, was die Freiheit des Anderen viel stärker beeinträchtigt, als die Noth selber es thut, die mit unbeschreiblichen Anpassungen und beinahe zärtlich, dem der sich ihr anvertraut, Anweisungen erteilt, wie ihr – wenn nicht nach außen, so nach innen – zu entgehen wäre [. . .]. Die Lage eines Menschen ändern, bessern wollen, heißt, ihm für Schwierigkeiten, in denen er geübt und erfahren ist, andere Schwierigkeiten anbieten, die ihn vielleicht noch ratloser finden. Wenn ich irgendwann die imaginären Stimmen des Zwerges oder des Bettlers in der Form meines Herzens ausgießen konnte, so war das Metall dieses Gusses nicht aus dem Wunsche gewonnen, der Zwerg oder der Bettler möchten es weniger schwer haben; im Gegenteil nur durch eine Rühmung ihres unvergleichlichen Schicksals vermochte der zu ihnen plötzlich entschlossene Dichter wahr und gründlich zu sein, und er mußte nichts mehr fürchten und ablehnen, als eine korrigierte Welt, darin die Zwerge gestreckt sind und die Bettler bereichert. Der Gott der Vollzähligkeit sorgt dafür, daß diese Varietäten [!] nicht aufhören, und es wäre die oberflächlichste

> Einstellung, wollte man die Freude des Dichters an dieser leidenden Vielfalt für eine aesthetische [*sic*] Ausrede halten. So habe ich auch das Gewissen rein von jedem Vorwurf eine Ausflucht zu begehen, wenn ich für mein Gedicht, den Begriffen ‚reich' und ‚arm' gegenübergestellt, die berechtigte Unparteilichkeit des künstlerischen Ausdrucks ganz und gar in Anspruch nehme. Es kann nie meine Absicht gewesen sein, den Armen gegen den Reichen auszuspielen, oder mich zu dem einen überzeugter zu bekennen als zu dem anderen. Wohl aber mag es mir aufgegeben gewesen sein, Armuth und Reichthum eine Weile mit ihren reinsten Maßen zu messen, denn wie sollte es, auch hier wieder, nicht dazu kommen, daß man sie beide rühmte, wenn man sie recht erkennt.
>
> In einer Welt, die das Göttliche in eine Art Anonymität aufzulösen versucht, mußte jene humanitäre Überschätzung Platz greifen, die von der menschlichen Hilfe erwartet, was sie nicht geben kann. Und göttliche Güte ist so unbeschreiblich an göttliche Härte gebunden, daß eine Zeit, die jene, der Vorsehung vorweg, auszutheilen unternimmt, zugleich auch die ältesten Vorräthe der Grausamkeit unter die Menschen reißt. (Wir haben's erlebt.)[95]

Auch wir, denke ich, „haben's" nunmehr „erlebt", haben zur Genüge gehört und gesehen, was es mit Rilkes Verhältnis bzw. Un- oder Mißverhältnis zum Sozialen auf sich hat. Seine Sätze sprechen für sich selbst; und was an Kommentar dazu allenfalls noch nötig ist, möge man, mit oder ohne Schluchzen, bei Schwarz[96] nachlesen. Nirgends wohl kommen Rilkes „starres und gleichzeitig naives Verständnis sozialer Fragen", die „Unnachgiebigkeit" seines

„Konservatismus", die Ursachen wie Folgen seiner „extrem quietistischen Gesellschaftsauffassung" bis hin zu dem „unmenschlichen Grundsatz, man dürfe den Menschen *nicht* helfen", unverhüllter und mit rücksichtsloserer „Grausamkeit" (um sein eigenes Wort zu gebrauchen) zum Vorschein als gerade in diesem Brief. Was wir längst erkannt haben, nämlich daß Rilke keinerlei „revolutionäres Eingreifen in den Weltgang [. . .] befürwortete", daß vielmehr umgekehrt die „Unparteilichkeit des künstlerischen Ausdrucks", auf die er pochte, „Parteinahme" für die herrschenden Zustände und die durch sie Bevorzugten und Bevorrechteten hieß: hier ist es endgültig mit Händen zu greifen. Mit solchen Urteilen, die ans Ungeheuerliche grenzen, hat der Dichter der Armut, der er zumindest im *Stunden-Buch* einst sein wollte, sich selber gerichtet.

Oder sollte Rilke trotzdem, wider Erwarten, etwas von der Schuld geahnt haben, die er damit auf sich lud? Fast alles spricht dagegen, fast nichts dafür. Man erwäge nur, um ein einziges Beispiel herauszugreifen, den gewissenlosen Ästhetizismus, den eine Bezeichnung wie „Varietät" für Zwerge sowohl als auch Bettler – beides Menschen – beinhaltet![97] Freilich, die empört eifernde, nahezu finstere Selbstgerechtigkeit, mit der Rilke darauf beharrt, daß seine „Freude" an der „leidenden Vielfalt" der Menschen und des Lebens beileibe keine „aesthetische *Ausrede*" sei, macht ihrerseits stutzen. Hat sich in seinem Unterbewußtsein also doch ein leiser Zweifel gerührt? *Qui s'excuse s'accuse*: das gilt in erhöhtem Maß auch für die Dichter . . . die, wie bekannt, auch in erhöhtem Maß für die Lockungen des schönen Scheins anfällig sind. Andere als Rilke allerdings, und nicht zuletzt unter seinen verehrten Vorbildern, waren in dieser Hinsicht wenigstens ehrlich. Dostojewski etwa, dessen vom sozialen Kontrast zwischen Armut und Reichtum[98] handelnden Briefroman *Arme Leute* (1846) der Verfasser des *Buchs von der Armut und vom Tode* „las und wiederlas" und schließlich zum Teil sogar übersetzte (vgl. VI, 1021), läßt seinen Helden ebendort, wo er das menschliche Elend am ergreifendsten schildert, freimütig eingestehen, daß ihm dies vor allem auch als willkommener Anlaß oder Vorwand zur Entfaltung seines „vorzüglichen Stils" diene. Es gibt daneben zwar noch weitere Übereinstimmungen, so die absolute Prädestination und passive Hinnahme der einem von Gott verordneten ‚Varietät', will sagen Stellung im Gesellschaftsgefüge; aber die ästhetizistische – die ich leider mangels einer deutschen Ausgabe des Romans auf englisch zitieren muß – ist so schlagend wie keine sonst. „I must tell you, my dear", erklärt Dostojewskis kleiner, halbverhungerter Beamter in seinem Brief vom 5. September, „that I began describing all this partly to get it off my chest, but also more particularly to give you an example of my excellent style."[99] Nach allem, was wir wissen, glauben wir Rilke gern, daß ihm nicht bloß das Werk des Russen im allgemeinen, sondern der Roman *Arme Leute* im besonderen (den er groteskerweise als „ahnungslos genialen" verkannte) schon früh „sehr wichtig geworden" war, wie er sich 1908 auf eine „Die Bücher zum wirklichen Lesen“ betitelte Rundfrage äußerte (vgl. VI, 1020ff.).

Doch zurück zu seinen brieflichen Äußerungen, zurück zu Rilkes schier unglaublichem Umgang mit dem Sozialen! Mir jedenfalls scheint, lediglich völlige Verblendung oder aber unverantwortliche Taschenspielerei könne dieses Verhalten vorm Gesellschaftlich-Geschichtlichen samt allem, was es in sich schließt, ignorieren oder selbst bagatellisieren wollen. Und dennoch hat man es immer wieder zu übersehen geruht und will es heute aufs neue verharmlosen oder vertuschen oder gar in Progressivität umfälschen. Am meisten wird einem Kritiker wie Schwarz ja die These verübelt, daß „Rilkes eigentümliches Verhältnis zur Armut“ keineswegs „ganz und gar unabhängig“ von dessen „politischen Vorstellungen“ gewesen sei: Vorstellungen, heißt das, wie sie Mitte der zwanziger Jahre in jenen erst 1956 gedruckten *Lettres milanaises* ihren Niederschlag fanden.[100] Das faschistische Italien hatte des Dichters unverhohlenes Gefallen erregt. Warum? Rilke hält damit in seinen Briefergüssen an die Mailänder Komtesse Pia de Valmarana, die nachmalige Herzogin Gallarati Scotti, nicht hinterm Berg – sowenig wie mit seinem offenkundigen Unverständnis für alles Politische. Ja, er stehe der Politik, bekannte er rundweg, dermaßen fern, fühle sich derart unfähig, politische Vorgänge zu durchdringen, daß es geradezu lächerlich sein würde, wenn er den Versuch unternähme, sich darüber näher auszulassen:

> Quant à la politique, je suis si loin d'elle, si incapable de suivre et de m'expliquer ses mouvements et ses contre-coups que ce serait ridicule de vouloir me prononcer sur n'importe quel événement situé dans son domaine . . .[101]

Dieses Unvermögen hinderte Rilke jedoch nicht im geringsten, den römischen Duce als „cet architecte de la volonté italienne“ zu feiern, ihn mit wahrhaft romanischem Pathos „ce forgeron d'une conscience nouvelle à la flamme avivée d'un feu ancien“ zu nennen und in den verzückten Aufschrei auszubrechen: „Heureuse Italie!“[102] Rilkesche Töne, in der Tat: Mussolini als „Architekt des italienischen Willens“ und „Schmied eines an der Flamme eines alten Feuers neu auflodernden Bewußtseins“, wie Schwarz das wiedergibt.[103] Und dann: „Glückliches Italien!“ So nämlich – „Glückliches Vaterland!“ – rief auch Benn, und zwar ausgerechnet in seinem Miniaturporträt „Rilke“.[104] Unmittelbar darauf folgt die Invektive, die wir bereits kennen: „Schließlich reimt sich alles, und es findet sich immer noch ein gräfliches Schloß, von dem aus man die Armen bedichtet . . .“ Dem rückschauenden Betrachter fällt es schwer, hier nicht satirisch zu werden und, Rilke beim törichten Wort nehmend, ergriffen zu spotten, derlei zeuge doch wirklich von ahnungsloser Genialität. Und dabei war Benn ja selber nicht nur, auf wesentlich gravierendere Weise, dem Spektakel des Hitlerfaschismus verfallen, sondern hatte 1934, in seiner „Rede auf Marinetti“, diesem als dem „Hersteller und Direktor des Futurismus“ mit ganz ähnlichen Phrasen gehuldigt wie Rilke vorher Mussolini! „Sie hatten, Herr Marinetti", begeisterte sich Benn, „das ungeheure Glück, das vielleicht seit den hellenischen Architekten keinem Künstler mehr zuteil ward, zu erleben, wie die Gesetze Ihres inneren Gesichts in Ihrem Volk das Ideal der Geschichte wurden. Wir haben [. . .] verfolgt, wie Ihr Futurismus den Faschismus mit erschuf, wie Sie die *Roma Futurista* gründeten, wie Ihre *Arditi*, was soviel heißt wie dreimal Soldaten, Ihre Stoßtrupps für die Erneuerung Ihres Vaterlandes kämpften, kämpften und fielen . . ."[105] Und so weiter und so fort. Es ist eine Konstellation von makabrer, beinah abgründiger Ironie.

– Warum, fragen wir noch einmal, war Rilke vom Regime des Benito Mussolini, dem italienischen Faschismus, so angetan? Weil von ihm, folgert Schwarz,[106] die „catonischen [lies: ultrakonservativen, nationalistischen, faschistischen] Tugenden des einfachen Lebens, der Strenge und Ordnung" gepredigt wurden und weil der Dichter dafür ganz notwendig besonders empfänglich war. Sämtliche „Elemente", fährt Schwarz fort, seien in Rilkes Äußerungen vorhanden: „ein neuer Wille zur Härte, das Verlangen nach Ruhe und Ordnung um jeden Preis, Überdruß an der Freiheit, Abscheu vor materiellem Gewinn, soldatische Bereitschaft [. . .] und eine neue ‚mysteriöse' Auffassung von der Nation". Und diese Elemente werden nicht bloß aufgezählt, sondern, Wort für Wort und Begriff für Begriff, anhand der *Lettres milanaises* belegt. Elemente wofür? Für eine faschistische Ideologie oder Weltanschauung. Der Häretiker Schwarz geht zuletzt sogar so weit, Rilkes berühmte Reihung aus der „Neunten Elegie" („Haus, / Brücke, Brunnen, Tor, Krug, Obstbaum, Fenster, –/ höchstens: Säule, Turm . . ." [I, 718]) aus dem Zusammenhang zu lösen und von ihr zu behaupten: „Dieser vielbewunderte Katalog [. . .] ist Blut und Boden."[107] Rilkes Antwort mündet nach Schwarz – zwingend, ja zwanghaft – in den Faschismus.

Für den Dichter selbst hingegen mündete sie und mit ihr diese gesamte, schon in den Tagen des *Stunden-Buches* anhebende Entwicklung zwangsläufig in die Vision und versuchte Stiftung einer neuen, rein irdischen und hiesigen, in der Kunst und im Dichterischen verankerten Religiosität. Oder nicht eigentlich Religiosität, sondern „the apotheosis of art", wie Mason zumindest fürs Frühwerk präzisierte.[108] Nochmals anders gewendet und nochmals mit Mason gesagt: Rilke hat, in seinem frühen wie auch im späteren Werk, das Ästhetische ins Religiöse, dieses in jenes transponieren und transzendieren und beide Bereiche auf seine Art ineinander aufheben wollen. Worum er so hingebungsvoll, ja messianisch rang, war „throughout his life [. . .] the *salvation* of the world through art". Das sind die Hintergründe und „wesentlichen Voraussetzungen", die für ihn bereits um 1900 gültig waren; das ist die „Stunden-Buch-Verfassung", die sich zeit seines Lebens durchhielt oder, genauer, nach der er zeitlebens strebte, obgleich nicht selten vergeblich und mit Rückfällen in eine ihn qualvoll peinigende Erstarrung, ja Apathie, die man geradezu als säkularisierte *acedia* bestimmen möchte. Schon im *Buch von der Armut und vom Tode*, namentlich in dessen Schlußapotheose mit der Epiphanie bzw. jauchzenden Evokation des heiligen Franz von Assisi, ist diese erlösende Erfahrung zum ersten Male deutlich spürbar; in den *Duineser Elegien* und den *Sonetten an Orpheus* glaubte der Dichter sie dann, in überschwenglicher Begnadung und Begeisterung, über alles Bisherige hinaus geleistet und vollendet zu haben. Daß aber eine solche Welterfahrung, eine solche Heiligung des Menschlichen und des Seienden schlechthin, mit dem traditionellen Christentum nicht das mindeste mehr zu tun hat, weder als Schau noch als versuchte – und wieweit auch immer gelungene – Schaffung: das dürfte selbst ohne die zahllosen Erläuterungen, die es dazu gibt, jedem einleuchten (und zwar bei aller Nähe der Rilkeschen Gesellschaftsauffassung zu einer orthodox lutherischen Sozialethik, auf die einzugehen hier nicht der Ort ist).[109]

Rilke hat diese seine Entfremdung von jeglicher Christlichkeit, ja fast feindselige Haltung ihr gegenüber des öfteren und mit Nachdruck ausgesprochen. „Mehr und mehr", so schrieb er zum Beispiel unterm 22. 2. 1923 an Ilse Jahr, komme für ihn – man beachte die Wortwahl – „das christliche Erlebnis außer Betracht";[110] ja, er „entferne" sich vom Christlichen, steigerte Rilke dies im Hulewicz-Brief, „immer leidenschaftlicher".[111] Und seinen Bilderbuch-Proletatier und modernisierten *Stunden-Buch*-Armen ließ er sogar, nicht einmal wirklich ungehalten, eher verächtlich und wegwerfend ausrufen:

> Wer [. . .] ist denn dieser Christus, der sich in alles hineinmischt. – Der nichts von uns gewußt hat, nichts von unserer Arbeit, nichts von unserer Not . . .
>
> (VI, 1111)

Übrigens kehrt nicht umsonst im gleichen „Brief des jungen Arbeiters" von 1922 auch der umbrische Heilige wieder, und abermals in ganz ähnlicher Funktion wie schon zwei Jahrzehnte zuvor: nämlich durchaus nicht als Vertreter des Christentums oder gar Mann der Kirche, der er ohnehin nicht war, sondern als Prophet des „Hiesigen", als Inkarnation von dessen „Fülle" und „Überfluß" (vgl. VI, 1116). Das, worauf Rilke unentwegt abzielte, wonach ihn verlangte und was er zuletzt erreicht und im Gefäß seiner Dichtung aufbewahrt und verfügbar gemacht zu haben hoffte, war (und die folgenden Hervorhebungen stammen alle von ihm) die *„große Einheit"* einer *„heilen Welt"* oder einfach *„das Ganze"* – aber eben, wie er ausdrücklich und insistierend hinzusetzt, „nicht im christlichen Sinne".[112] Und keineswegs bloß eine Gleichzeitigkeit alles Seienden zeichne diese Erfahrung aus, sondern der völlige „Fortfall der Zeit", deren schlechthinniges Aufgehen im Sein.[113] Der Dichter hätte, mit anderen Worten, dem von uns als paradoxe Nötigung, beinah Widersinn empfundenen Umschlag aus einem Nirgends und Nie in ein Immer und Überall bereitwillig, ja freudig zugestimmt; Erfüllung schien ihm in der Tat nur in solcher Hinnahme und Bejahung des allgegenwärtigen Hiesigen, Irdischen, ausschließlich Diesseitigen – „Kein Jenseitswarten und kein Schaun nach drüben", mahnte bereits das *Stunden-Buch* (I, 330) – überhaupt möglich. Aus der Erfahrung des dauernden Seins erwuchs Rilkes Beseligung. Sein Malte liefert für diese Dialektik einer ästhetischen Seins- und auch Dingmystik das beste Beispiel. „Nur ein Schritt", so versichert er, „und mein tiefes Elend würde Seligkeit sein" (VI, 756).

Ich habe zum Schluß Rilkes Lösung oder Erlösung mit Absicht und trotz meiner tiefen Vorbehalte so ‚positiv' formuliert. Gerade indem man betont, was sie (zumindest für ihn) leistete, wird nämlich wieder erkennbar, was sie (zumindest für uns) nicht zu leisten vermag. Der im Elfenbeinturm zu Muzot Träumende erbaute sich an den „Varietäten" seines Gottes, zu denen ein Mussolini und, o Wunder, selbst die „Maschine", will sagen Technik, genauso zählten wie die „Bettler" und „Zwerge". Denn was darf sein junger Arbeiter, in jener sonderbaren Mischung aus Modernität und Bibel, weiterhin vermelden? „Gott dagegen, ich habe dieses Gefühl, *ihm* kann ich sie bringen, meine Maschine und ihren Erstling" – jedoch natürlich „nicht [. . .] Christus", wie Rilke abermals sofort einschränkt (vgl. VI, 1125). Auch seinen „Abscheu vor der Maschine"[114] also überwand er am Ende; jedenfalls übte er auch darin seine Seinserfahrung. Alles wollte dieser Dichter zu guter Letzt an seine schmächtige Brust drücken. Ob solch ein frommes Bemühen uns Heutigen noch oder vollends erst recht wieder etwas zu bieten habe, bleibe freilich dahingestellt. Derlei möge ein jeglicher für sich entscheiden (solange er, heißt das, nicht allgemeinverbindliche Folgerungen oder, schlimmer, Forderungen daraus ableitet). Ohnedies gibt es zu Rilkes „Weltinnenraum" und orphischer Verwandlung, samt der von ihm hierzu eigens – man denke an seine „Engel" – kreierten Privatmythologie, mehr als genug.

Was aber Rilkes Verhältnis zu den Armen und mithin zu den sozialen Problemen, ja sogar seinen umstrittenen ‚Faschismus' betrifft, so liegen die Dinge leider ein klein wenig anders. Ausgerechnet die Armut soll ja der Rilkeschen Lösung oder Erlösung besonders förderlich sein: sie, und am meisten im *Stunden-Buch*, galt dem Dichter, wie Schwarz zu Recht hervorhebt, als „unentbehrliche Hilfe" zur „Erlangung einer höheren Menschlichkeit"[115] und letztlich zur Gesamtbewältigung der Aufgabe menschlichen Daseins. Daß daran einiges nicht so ganz echt und stimmig, vielmehr faul ist, wird man schon bei Gelegenheit dessen erahnt haben, was ich aus den *Aufzeichnungen des Malte Laurids Brigge* zitierte. Denn worauf dies für die wirklichen Armen hinausläuft, scheint mir außer Frage zu stehen. Wiederum hat Schwarz es, anknüpfend an den Brief an Pongs, ebenso unbarmherzig wie richtig zusammengefaßt. „Rilkes Formel", schreibt er, „ist ideal für alle, die aus welchen Gründen immer sich von sozialer Verantwortung zurückziehen, ohne auf die Wahrnehmung der sich innerhalb der Gesellschaft abspielenden Tragödien verzichten zu wollen."[116]

Sie tritt, diese Formel, in vielerlei Formen und Verkleidungen auf – und wer vermöchte zu leugnen, daß unter ihnen auch diejenige unseres Gedichts „ideal“ ist und am Ende fast Vorrang beanspruchen könnte?

> [. . .] selig sind, die niemals sich entfernten
> und still im Regen standen ohne Dach;
> zu ihnen werden kommen alle Ernten,
> und ihre Frucht wird voll sein tausendfach.

Ja, könnte nicht, noch über Schwarz hinaus, diese Strophe wie das ganze hochartifizielle Versgebilde, dem sie entnommen ist, Wort für Wort als trivialer Freibrief für schmarotzende Dichter gelesen werden?

Doch ich will hier lieber abbrechen, sosehr ich mich plötzlich gereizt fühle, noch ein paar zusätzliche Beobachtungen einzustreuen. Ist es nicht, beispielshalber, seltsam und auffällig, wie Rilke nicht nur den Bibelton mit modernen Inhalten, sondern auch kraß Ökonomisches mit dem Religiösen zu einem eigentümlichen Konglomerat vermengt? Im „Brief des jungen Arbeiters“ entsprechen einander Gott und der Fabrikherr zum Verwechseln: jener heißt ebenfalls „eine Art Patron“, so wie dieser, vermöge seiner „Macht“, als ein Herrgott *en miniature* erscheint (vgl. VI, 1119 f.). Das klingt naiv patriarchalisch, ist aber im Grunde weidlich kapitalistisch gedacht. Dekuvrierend ist ferner bereits Rilkes bloße Wortwahl an einer früheren Stelle des gleichen Textes. Der junge Arbeiter fragt dort nämlich (VI, 1114) durchaus im Sinne seines Dichters: „Diese zunehmende *Ausbeutung* des Lebens, ist sie nicht eine Folge der durch die Jahrhunderte fortgesetzten Entwertung des Hiesigen?“ Rilke, kein Zweifel, kannte soziale Probleme, auch wenn er es vorzog, sie auf seine Weise zu deuten (die Hervorhebung, zugegeben, stammt in diesem Fall von mir). Im gleichen Zusammenhang sollte es übrigens doppelt nachdenklich stimmen, daß selbst ein dezidierter Rilke-Fan die zur Fünfzig- bzw. Hundertjahrfeier unternommenen Rettungsversuche, ja Versuche, dem Dichter gewaltsam die phrygische Mütze überzustülpen, mit Gelassenheit ablehnt. Um Rilke dergestalt ‚aufzubauen‘ – frei nach Wolfi Bauer – und zum progressiv-emanzipatorischen Popanz zu stempeln, muß man schon allerhand „Finessen“ mobil machen; denn in Wahrheit ist es natürlich glatter Unfug, von „einem *anderen*, sozusagen [. . .] unentdeckten Rilke“ zu faseln, „einem verdeckt jakobinischen gar“. So immerhin (siehe oben) Krolow.[117] Und auch im Ausland hat man sich unterdessen längst gegen solche Verstiegenheiten gewandt.[118]

Trotzdem ist die Kontroverse um jene Rilkeschen Gefährdungen oder Verfehlungen nach wie vor so unabgeschlossen, wie sie auf Strecken bereits unerquicklich wirkt. Wer Rilke angreift, urteilt zwar in der Regel kühler und nüchterner und begnügt sich zum Beispiel mit der (freilich ihrerseits modischen) These, daß hier von vornherein eine „latent faschistoide Einstellung“ vorliege.[119] Wer ihn indes verteidigt, neigt offenbar zu Hitzigkeit und rüdem Poltern und fährt gern sein gröbstes Geschütz auf – daß der arme Schwarz dem Dichter „mir nichts dir nichts die SA-Stiefel angemessen" habe,[120] ist dafür ein Musterbeleg. Falls ich die Lage einigermaßen überblicke, dürfte aber dennoch gerade Schwarz die gerechteste und abgewogenste Stellung in diesem Scharmützel bezogen haben, während die widerwärtigste gar nicht einmal von irgendwelchen Apologeten, sondern vom Kritiker Holthusen eingenommen wird. Bezeichnenderweise glaubte dieser gleich, sich jenen, Schwarz, kräftig vorknöpfen zu müssen. Und keineswegs ihn allein, sondern auch seine Gegner! Die „Forschung" insgesamt, so Holthusen summarisch,[121] indem er nicht etwa sachlich erläuternde, sondern hämisch verunglimpfende Gänsefüßchen setzte, – die sogenannte „Forschung" also sei „neuerdings darauf verfallen", sich mit den „politischen Meinungen" des Prager Dichters zu befassen. Ein „gar nicht schlecht renommierter [. . .] Professor an einer amerikanischen Universität", höhnte der sich unpolitisch Dünkende, der jahrelang selber ein solcher Professor und manches andere war, habe „einige naiv Mussolini-freundliche Bemerkungen des Briefschreibers Rilke [. . .] zum Anlaß genommen, ein Buch über den Faschisten Rilke zu schreiben". (Man verzeihe mir die Wiederholungen; doch sie sind notwendig. Denn besonders angekreidet wird diesem schmalen und dabei eher grübelnden als auftrumpfenden Büchlein, daß es in Rilkes Dichtung so etwas wie „Flucht in eine vorkapitalistische Vergangenheit" und mithin eine Art bäuerlicher Idylle, ja – was denn wohl doch übertrieben ist – ein „Plädoyer für ‚Blut und Boden'" zu erkennen wage.) Inzwischen sei allerdings, so erfahren wir, eine „fulminante Gegendarstellung" in Form eines Marbacher Gedächtniskatalogs[122] erschienen, wo „in genießerischer Breite" nicht nur „ein linker, mit Rathenau und Masaryk verbundener, sondern obendrein [. . .] ein extrem linker Rilke" vorgeführt werde, ein „Beinah-Bolschewist und Busenfreund von Kurt Eisner und Ernst Toller, der das ungeliebte München im Jahre neunzehn recht eigentlich aus Abscheu vor dem weißen Terror verlassen habe". Doch selbst diese Gegendarstellung vermag einen Holthusen, versteht sich, nicht so gänzlich, nicht so „recht eigentlich" zu befriedigen. Was er von allen Seiten über uns hereinbrechen sah und vermutlich noch immer sieht, ist eine totale literarisch-philologische Eklipse, eine förmliche (wie ihm mit unfreiwilligem Anklang an Nietzsches *Götzendämmerung* entschlüpft) „Rilke-Finsternis".

Kurz und schlecht: Rilke nach seinen politischen, sozialen oder ökonomischen Meinungen und Haltungen zu befragen ist für Holthusen ausgesprochen garstig, und zwar in jedem Fall – weswegen er sich, als Ritter ohne Furcht und Tadel, auch stracks bemüßigt fühlte, das zarte Dichtergeschlecht „grundsätzlich" gegen die „Zumutungen" einer solchen „Schulmeisterei" (wie er sich auszudrücken beliebte) „in Schutz zu nehmen".[123] Neben diesem halb perfiden, halb obskurantistischen Gehaben stechen selbst die wüstesten apologetischen Invektiven noch vorteilhaft ab. Vollends jedoch darf das Vorgehen von Schwarz daneben als ungemein ehrlich und sachbezogen und wohltuend fair gerühmt wreden, zumal da er seine Schrift von 1972 seither durch einen weiterführenden Beitrag nicht nur ergänzt, sondern wesentlich modifiziert hat. In ihm, dem Aufsatz „Rainer Maria Rilke unter dem Nationalsozialismus", ist von keiner ‚Blubo'-Dichtung mehr die Rede, statt dessen aber davon, daß Rilkes Werk im Dritten Reich auch Teil jenes Phänomens gewesen sei, das man in Ermangelung eines besseren Terminus die ‚innere Emigration' zu nennen pflegt; ja, daß dieses Werk geradezu „das Zentrum eines regimefeindlichen Kults" gebildet habe. Eine „gemischte" Rezeption und demnach schon Produktion ist das mindeste, was dem Dichter nunmehr trotz aller ideologischen Vorbehalte zugebilligt wird.[124] Und damit kommt Schwarz der historischen Wahrheit vielleicht in der Tat am nächsten.[125]

Aber ich will hier endgültig abbrechen . . . und kann dies auch um so beruhigter tun, als sich diesmal sogar das obligate Schlußwort erübrigt. Denn die gesamte Problematik, die uns so lange beschäftigt hat, Rilkes ‚Faschismus' wie seine ‚Antwort' auf die „soziale Frage", ist bereits – ein seltener Glücksfall – in poetischen Bildern verdichtet, ja aufgehoben. Diese Bilder vermögen knapper und einprägsamer als jede diskursive Aussage das zwiespältige und gleichwohl eindeutige Fazit wiederzugeben, bei dem wir angelangt sind. Es handelt sich um vier kleine Prosastücke bzw. Textabschnitte von Tankred Dorst, Friedrich Nietzsche, Bertolt Brecht – und Rilke selbst, dazu um Erinnerungen des Komponisten Hanns Eisler. Wenn irgend etwas, so müßte ihr Mit- und Gegeneinander, hoffe ich, erhellend wirken. Man wünscht sich einen „Rilke von innen *und* von außen"? Bitte: hier ist er endlich – und sei es auch in umgekehrter Reihenfolge!

In dem bemerkenswerten Zeitbild *Dorothea Merz* von Dorst nämlich, das 1976 vom Westdeutschen Rundfunk als Fernsehfilm gesendet wurde, findet sich ein so kurzes wie weihevolles Idyll aus dem Leben eines nationalsozialistischen Pädagogen. Die betreffende Stelle lautet:

> Das bäuerlich eingerichtete Zimmer von Dr. Günther Regus. Fünf Mädchen [. . .] und zwei Jungen [. . .] sitzen auf Holzstühlen und auf dem Bett. Ein großer hölzerner Leuchter ist angezündet. Alle scheinen andächtig zu lauschen. Dr. Günther Regus, von hinten zu sehen, liest aus einem kleinen Buch vor. Zwischenschnitt auf das Buch: Stundenbuch von Rilke.[126]

Daß diese Szene – geschrieben von einem 1925 Geborenen, der unter Hitler aufwuchs – weder als böswilliger Angriff auf den Dichter Rilke noch als Verzerrung der Tatsachen oder als pure Erfindung zu werten ist, belegt zum ersten das dem Dorstschen Text beigegebene Motto, das den *Duineser Elegien* entstammt,[127] sodann zum zweiten eine bestätigende Briefäußerung von Dorst selber[128] und schließlich zum dritten eine gleich zweimal, 1935 und 1940, gedruckte Feststellung aus dem Dritten Reich, der zufolge „Unzählige", wie es wörtlich heißt, „vielleicht den ‚Cornet', vielleicht das ‚Stunden-Buch' im Tornister", schon während des Ersten Weltkriegs „in die Schlacht [. . .] und in den Tod" gezogen seien.[129] Rilke, ob als Reiterfähnrich oder als Klosterbruder, gehörte offensichtlich dazu – sosehr heute beteuert wird, er habe den „Gegentypus" zum damals gefragten Dichter vertreten, ja sei „unter dem Nationalsozialismus" (wie inzwischen selbst Schwarz zu meinen scheint) geradezu „aufregend" gewesen.[130] Und jene Doppelheit des ideologischen Marschgepäcks hat in der Tat sogar rezeptionsgeschichtlich ihre Entsprechung; denn war die 1906 erschienene *Weise von Liebe und Tod des Cornets Christoph Rilke* sicher der spektakulärste Hit, den ihr Verfasser je für sich buchen konnte, so die damit in einem Atem genannte Gedichtsammlung vom Jahr zuvor nachweislich sein dauerhaftester. „Einzig" dem *Stunden-Buch* von 1905 ist unter allen Werken Rilkes bereits zu dessen Lebzeiten „eine kontinuierliche Wirkung beschieden" gewesen.[131]

Nehmen wir an, Dorsts völkischer Studienrat in seiner von Kerzenlicht durchflackerten Klause lese durch Zufall gerade die besagte ‚Regenstrophe' aus dem Gedicht „DENN sieh: sie werden leben und sich mehren"![131a] Rufen wir uns jene Verse ein letztes Mal ins Gedächtnis und hören wir gleichzeitig mit, was Nietzsche rund zwei Jahrzehnte vor Rilke und Brecht rund vier Jahrzehnte nach ihm von der Armut und vom Regen zu berichten wußten! 1882 verzeichnete *Die fröhliche Wissenschaft* unter dem Titel „Beim Regen" folgenden Aphorismus:

> Es regnet, und ich gedenke der armen Leute, die sich jetzt zusammendrängen, mit ihrer vielen Sorge und ohne Übung, diese zu verbergen, also jeder bereit und guten Willens, dem andern wehe zu tun und sich auch bei schlechtem Wetter eine erbärmliche Art von Wohlgefühl zu machen. – Das, nur das ist die Armut der Armen![132]

Zwei Menschenalter danach, in den frühen vierziger Jahren, entstand die Betrachtung „Über reine Kunst", die in Brechts erst aus dem Nachlaß veröffentlichter Schrift *Me-ti* begegnet, seiner auch *Buch der Wendungen* genannten Sammlung dialektisch-didaktischer Prosa im Stil der alten Chinesen. Und dieser Text, nicht ohne Beziehung zu dem soeben zitierten, hat den Wortlaut:

> Me-ti sagte: Neulich fragte mich der Dichter Kin-jeh [=Brecht], ob er in diesen Zeitläuften Gedichte über Naturstimmungen schreiben dürfe. Ich antwortete ihm: Ja. Als ich ihn wieder traf, fragte ich ihn, ob er Gedichte über Naturstimmungen geschrieben habe. Er antwortete: Nein. Warum, fragte ich. Er sagte: Ich stellte mir die Aufgabe, das Geräusch fallender Regentropfen zu einem genußvollen Erlebnis des Lesers zu machen. Darüber nachdenkend und hie und da eine Zeile skizzierend, erkannte ich es als nötig, dieses Geräusch fallender Regentropfen für alle Menschen, also auch für solche Menschen zu einem genußvollen Erlebnis zu machen, die kein Obdach besitzen und denen die Tropfen zwischen Kragen und Hals fallen, während sie zu schlafen versuchen. Vor dieser Aufgabe schreckte ich zurück.
>
> Die Kunst rechnet nicht nur mit dem heutigen Tag, sagte ich versucherisch. Da es immer solche

> Regentropfen geben wird, könnte ein Gedicht dieser Art lange dauern. Ja, sagte er traurig, wenn es keine solchen Menschen mehr geben wird, denen sie zwischen Kragen und Hals fallen, kann es geschrieben werden.[133]

Ebenfalls aus dem Exil und ungefähr aus derselben Zeit stammt Hanns Eislers Quintett *Vierzehn Arten den Regen zu beschreiben*, das er seinem Lehrer Arnold Schönberg zum 70. Geburtstag widmete. Brechts Reaktion auf dieses Werk des Freundes muß überaus heftig gewesen sein und ist auch in unserem Zusammenhang aufschlußreich. Denn er zeigte sich, wie Eisler später meldete, „von dem Stück sowohl angezogen als abgestoßen“, habe „darüber Wutanfälle bekommen“ und „enorm geflucht“.[134] Zusammenfassend heißt es im Rückblick des Komponisten:

> Sich in diesen schwierigen Zeiten so eindringlich mit dem Regen – und nicht nur mit dem Regen, sondern mit den Arten, wie es regnet – zu beschäftigen, hielt [Brecht] irgendwie für unmoralisch.

Eisler suchte sich dem Freund gegenüber vor allem mit der Erklärung zu rechtfertigen: „Regen steht als Zeichen für Trauer.“ Doch Brechts Widerwille gegen Thema und Text scheint die Faszination, die offenbar die Musik auf ihn ausübte, bei weitem überwogen zu haben. Nicht bloß Kunst auf Kosten der Armen, sondern selbst „reine Kunst“, Verse lediglich über Naturstimmungen, wollte er sich und uns verbieten. Während Nietzsche, als er vom Regen und von der Armut redete, mit der *impassibilité* des Psychologen die seelische Erbärmlichkeit analysierte, die für die Menschen daraus erwächst oder doch erwachsen kann, richtete Brecht sein Augenmerk ausschließlich (oder mindestens nahezu ausschließlich)[135] auf deren klägliche Not des Leibes. Sowenig wie in seinem *Leben des Galilei*, in dessen erschütternder Szene mit dem Kleinen Mönch, duldete Brecht hier das Dulden, erlaubte er „Einverständnis" mit dem „Elend" in dieser unserer blutigen Welt.[136] Armut war für ihn wahrhaftig alles andere als „ein großer Glanz von innen":

> Kein Sinn liegt in unserem Elend, Hunger ist eben Nichtgegessenhaben, keine Kraftprobe; Anstrengung ist eben Sichbücken und Schleppen, kein Verdienst.

So die Armen Brechts. Und nicht einmal von Nietzsche, dem man etliches nachsagen kann, läßt sich bei aller Grausamkeit seiner Einsicht behaupten, daß für ihn Armut je etwas Glanzvolles oder Erhebendes besessen hätte. Sogar für ihn war Imregenstehen einfach Naßwerden und keinerlei Verdienst ... obschon wohl, gemäß seinem *amor fati*, etwas Notwendiges und so des Sinnes nicht gänzlich bar.

Und Rilke? Von Trauer wie bei Eisler ist bei ihm jedenfalls nichts zu spüren, auch nichts von Auflehnung und humanistischem Ethos wie bei Brecht oder selbst von psychologischer Illusionslosigkeit wie bei Nietzsche. Rilke bedichtete beides, den Regen wie die Armut, und ästhetisierte es schrankenlos. Er machte die armen Obdachlosen, die draußen stehen, zu selig Durchnäßten und selig Frierenden, ja verklärte Nässe und Kälte in dieser säkularisierten Welt, die im argen liegt, schlechterdings zu „Gottes [. . .] Niederfall als Regen".[137] Und dies nicht etwa nur in unserem Gedicht, sondern vielfach auch sonst in seinem Schaffen. Einzig und allein die mit den „Armen" oder „armen Leuten" und deren „hartem Elend" befaßten und vertrauten *Aufzeichnungen des Malte Laurids Brigge* (vgl. VI, 714, 712, 901 u. ö.) bilden davon eine Ausnahme. Hat ihr Held nicht vorhin schon aufhorchen lassen? Malte, obzwar oder vielleicht gerade weil er gar kein ‚richtiger' Armer ist, sondern bloß ein ganz „offenkundig"[138] *Ver*armter, Malte überzeugt und ergreift am meisten unter all den einschlägigen Gestalten und Gestaltungen Rilkes. Wie nämlich lauten seine Worte?

> Meine alten Möbel faulen in einer Scheune, in die ich sie habe stellen dürfen, und ich selbst, *ja mein Gott, ich habe kein Dach über mir, und es regnet mir in die Augen.*
>
> (IV, 747)[139]

Sollen wir schließen, Rilke habe nur zu gut über die Armut und den Regen Bescheid gewußt und sich hiermit auf unübertreffliche Weise selber das Urteil gesprochen? Immerhin gesteht er bald darauf in den gleichen *Aufzeichnungen*: „Diesmal ist es Wahrheit, nichts weggelassen, [. . .] nichts hinzugetan" (VI,

749). Oder sollen wir sagen, Malte wisse über derartiges besser Bescheid als sein eigener Dichter – dem ich im übrigen jene sechs sprichwörtlichen Glanzleistungen, die sogar dem Größten im günstigsten Fall bloß gelingen, weiß Gott nicht bestreiten möchte.

Anmerkungen

1 Karin Struck, „Rilke: Eine Notiz“, in *Rilke? Kleine Hommage zum 100. Geburtstag.* Zusammengestellt u. veranstaltet von Heinz Ludwig Arnold (München, 1975), S. 72ff.; hier S. 76.
2 (Frankfurt, 1972).
3 So Hans Egon Holthusen, „Rilke-Finsternis? Gedanken anläßlich des 100. Geburtstages (9. XII. 75)“, *Merkur*, 29 (1975), S. 1042ff.; hier S. 1042.
4 Vgl. Rainer Maria Rilke, *Lettres milanaises 1921–1926.* Introduction et textes de liaison par Renée Lang (Paris, 1956), S. 84 u. 97.
5 Ders., *Sämtliche Werke.* Hrsg. vom Rilke-Archiv in Verbindung mit Ruth Sieber-Rilke. Besorgt von Ernst Zinn (Wiesbaden bzw. Frankfurt, 1955 ff.). Alle Nachweise im Text beziehen sich, mit Band- und Seitenzahl, auf diese Ausgabe.
6 Vgl. Hans Magnus Enzensberger, *Gedichte 1955–1970* (Frankfurt, 1971), S. 7. – Daß sich jene Enzensbergersche Formel, überraschend genug, aus Schillers Abhandlung *Über naive und sentimentalische Dichtung* herleitet, tut hier nichts zur Sache, sei aber immerhin erwähnt; vgl. dazu meinen Aufsatz „Festgemauert und noch nicht entbehrlich: Enzensberger als Erbe Schillers“, der demnächst in einem Sammelband des Niemeyer Verlags erscheint, bzw. mein Nachwort „Option für einen Klassiker“, in Hans Magnus Enzensberger, *Verteidigung der Wölfe* (Neudruck: Frankfurt, 1981), S. 95ff.
7 1. Mos. 1, 28.
8 Vgl. Matth. 5, 5.
9 Vgl. Luk. 6, 20.
10 Vgl. hierzu Gertrud Bäumer, *„Ich kreise um Gott“: Der Beter Rainer Maria Rilke* (Berlin, 1935), S. 50f.

11 Vgl. hierzu Eva Wernick, *Die Religiosität des Stundenbuches von Rilke* (Berlin u. Leipzig, 1926), S. 43. Ausdrücklich wird von Wernick erklärt: „die *echte Armut*: das ist der Reichtum" etc.

12 Vgl. hierzu etwa Ruth Mövius, *Rainer Maria Rilkes ‚Stunden-Buch': Entstehung und Gestalt* (Leipzig, 1937). Ich stütze mich dabei, da mir diese Schrift nicht zugänglich war, auf Eudo C. Masons Einleitung zu Rainer Maria Rilke, *The Book of Hours: Comprising the three Books of the Monastic Life, Of Pilgrimage, Of Poverty and Death* (London, 1961).

13 Ebd., S.42.

14 Vgl. Joachim W. Storck, „Emanzipatorische Aspekte im Werk und Leben Rilkes", in *Rilke heute: Beziehungen und Wirkungen.* Hrsg. von Ingeborg H. Solbrig u. Joachim W. Storck (Frankfurt, 1975), S. 247ff.; hier S. 280f. u. 253.

15 Vgl. Hans Kaufmann, *Krisen und Wandlungen der deutschen Literatur von Wedekind bis Feuchtwanger: Fünfzehn Vorlesungen* (Berlin u. Weimar, 1966), S. 127.

16 So Edda Bauer in ihrer „Vorbemerkung" zu dem Band *Rilke-Studien: Zu Werk und Wirkungsgeschichte* (Berlin u. Weimar 1976), S. 7.

17 Bäumer, S. 38.

18 Selbst in der Kurzrezension eines unlängst erschienenen Rilke-Kompendiums tauchen bezeichnenderweise die Begriffe „Geschichtslosigkeit" und „Gesellschaftsferne" auf; vgl. Walter Seifert in *Germanistik*, 20 (1979), S. 263f.; hier S. 264.

19 Vgl. Paul Valéry, *Lettres à quelques-uns* (Paris, 1952), S. 240. Die Formulierung ist eigentlich auf Rimbaud gemünzt, von dem es heißt: „R. [in seinen *Illuminations*] a inventé ou découvert la puissance de ‚l'incohérence harmonique'."

20 Vgl. *Sämtliche Werke (SW)* IV, 305.

21 Vgl. etwa *SW* I, 364.

22 Hervorhebung von mir.

23 Es scheinen namentlich die Frauen zu sein, die an dieser Stelle gemeint sind.

24 So der Titel eines Gedichts aus der Sammlung *Der Teppich des Lebens* von 1900; vgl. Stefan George, *Werke* (München u. Düsseldorf), Bd. I, S. 190f.

25 S. o. Anm. 15.

26 Vgl. zuletzt Vittorio Mathieu, *Dio nel ‚libro d'ore' di Rainer Maria Rilke* (Firenze, 1968).

27 Maurice Betz, *Rilke in Frankreich: Erinnerungen, Briefe, Dokumente.* Aus dem Französischen übersetzt von Willi Reich (Wien, 1938), S. 181.

28 Kaufmann, S. 135.

29 Vgl. ebd., S. 126.

30 Ebd., S. 131 u. 121.

31 Vgl. ebd., S. 130 u. 127.

32 Vgl. ebd., S. 130.

33 Vgl. ebd., 1. Thess. 5, 2.

34 Vgl. Bertolt Brecht, *Gesammelte Werke in 20 Bänden* (Frankfurt, 1967), Bd. 4, S. 1562f.; zum Motiv des Regens vgl. ebd., S. 1528. Ich werde auf Brecht und dessen nicht nur indirekt, sondern direkt, ja massiv geübte Kritik an Rilke später noch zurückkommen.

35 Vgl. George, Bd. I, S. 196.

36 Vgl. das Kapitel „Povertà e trasfigurazione" bei Mathieu, S. 225ff., insbes. S. 236, wo es heißt: „Ancor meglio che ‚trasfigurazione' servirebbe la parola tedesca *Verklärung* . . ." Eine frühere Schrift desselben Autors mit dem vielversprechenden Titel *L'assoluto estetico nel ‚Libro d'ore' di Rilke* (Firenze, 1965) war mir leider sowenig zugänglich wie der Aufsatz von Cristiano Martins aus Brasilien, „O Livro de Horas de Rilke", *Minas Gerais* (Suplemento Literário, 20. 12. 1975), S. 4.

37 So in einem Brief an Agnes Meyer vom 3. 10.1941; vgl. Thomas Mann, *Briefe 1937–1947.* Hrsg. von Erika Mann (Frankfurt, 1963), S. 213f.

38 Und zwar in der Erstausgabe von 1902, also mitten in der *Stunden-Buch*-Zeit.
39 Vgl. Claude David, „Rilke", in *Dizionario critico della letteratura tedesca*, diretto da Sergio Lupi (Torino, 1976), Bd. II, S. 964 ff.
40 Vgl. Joseph P. Strelka, „Rilke heute", in *Rilke heute*, S. 13 ff.
41 Vgl. Rainer Kirsch, „Nach Rilke gefragt", in *Rilke?*, S. 81 ff., insbes. S. 82 f.
42 Vgl. Karl Krolow, „‚Die Zeit der anderen Auslegung wird anbrechen': Rainer Maria Rilkes produktives Zögern", ebd., S. 90 ff., insbes. S. 98 f.
43 Beide Zitate nach Manfred Starke, „Stationen der marxistischen Rilke-Rezeption", in *Rilke-Studien*, S. 258 ff.; hier S. 260 f.
44 Vgl. Gottfried Benn, *Ausdruckswelt: Essays und Aphorismen* (Wiesbaden, [2]1954), S. 111 f.; ferner *Dichter über ihre Dichtungen: Gottfried Benn*. Hrsg. von Edgar Lohner (München, 1969), S. 149.
45 Vgl. Mario Pensa, „Un sacerdote dell'assoluto: G. Benn", in *Studi in onore di Lorenzo Bianchi* (Bologna, 1960), S. 187 ff.
46 Krolow, S. 91.
47 Vgl. Holthusen, S. 1052.
48 Vgl. etwa Mathieu, *Dio nel ‚Libro d'ore'*, S. 225, der von Rilkes „gusto estetizzante" spricht, sowie Mason, S. 37, der vom *Stunden-Buch* – freilich mit sofortiger Einschränkung – erklärt: „It is certainly aestheticism, but it is not *mere* aestheticism."
49 Vgl. Rudolf Hartung, „Versuch über Rilke", *Neue Rundschau*, 87 (1976), S. 41 ff.; hier S. 46, 51 u. 57 f.
50 Vgl. Brecht, *Werke*, Bd. 15, S. 106.
51 Ebd., Bd. 18, S. 60.
52 Vgl. Wolfgang Hildesheimer, *Mozart* (Frankfurt, 1980 [erstmals 1977]), S. 63 u. pass.
53 Vgl. Kirsch, S. 82, der von einem solchen Studium im Hinblick auf „Brechts Sonettschlüsse" spricht.
54 Vgl. hierzu meinen Aufsatz „Die problematischen

‚Probleme der Lyrik"', in *Festschrift Gottfried Weber*. Hrsg. von Heinz Otto Burger u. Klaus von See (Bad Homburg, 1967), S. 299 ff.; inzwischen auch in *Gottfried Benn*. Hrsg. von Bruno Hillebrand (Darmstadt, 1979), S. 206 ff.

55 Bertolt Brecht, *Arbeitsjournal*. Hrsg. von Werner Hecht (Frankfurt, 1973), Bd. I, S. 310.

56 Der Rest der Brechtschen Eintragung, soweit sie sich auf Rilke bezieht, lautet: „wir essen bei dem vorleser ludwig hardt, und das gespräch kommt auf RILKE [...]. da ist wieder die ‚feinheit' der deutschen bourgeoisie, feinheit des emporkömmlings, wo der empörer fehlt. die schule der bourgeois, der feudale salon [,] fehlt in deutschland. da ist auch keine hauptstadt mit einem literarischen zentralmarkt, einem forum, die kunst hat kein leben, das leben ist der anlaß für die kunst. [...] natürlich gibt es auch nicht so was wie echten ruhm ..."

57 Zu nennen wäre etwa Brechts Bemerkung, Rilke sei für die Arbeiter nicht „zu kompliziert", sondern – nach deren eigenem Urteil – „zu primitiv"; vgl. Brecht, *Werke*, Bd. 19, S. 319.

58 Vgl. hierzu auch den Beitrag „Geständnisse eines Dichters" in meinem Sammelband *Brecht und Nietzsche oder Geständnisse eines Dichters: Fünf Essays und ein Bruchstück* (Frankfurt, 1979), S. 11 ff.

59 Brecht, *Werke*, Bd. 18, S. 55.

60 Vgl. ebd., S. 56.

61 Vgl. Albert Camus, *Carnets mai 1935 – février 1942* (Paris, 1962), S. 243: „A la relecture: les Cahiers de Malte Lauris [*sic*] Brigge: livre insignifiant"; etc.

62 Wie Anm. 59.

63 Ebd., Bd. 15, S. 100.

64 Zum Folgenden vgl. ebd., Bd. 18, S. 57 f.

65 Dieses Wort fehlt im Text der *Gesammelten Wer-*

ke. Seine Einfügung scheint mir für den Gesamtzusammenhang der betreffenden Stelle unbedingt notwendig und daher einerseits keiner weiteren Rechtfertigung bedürftig; andererseits jedoch s. S. 52.

66 Genau lautet Brechts Formulierung: „Die Säule, die sich dieser Heilige ausgesucht hat, ist mit zuviel Schlauheit ausgesucht, sie steht an einer zu volkreichen Stelle, sie bietet einen zu malerischen Anblick ..." Vgl. Brecht, *Werke*, Bd. 18, S. 61.

67 Vgl. hierzu den sehr berechtigten Versuch von Gert Sautermeister, „Irrationalismus um die Jahrhundertwende: Hofmannsthals *Manche freilich müssen drunten sterben* und der *Brief des Lord Chandos*", *Text und Kontext*, 7/2 (1979), S. 69ff.

68 Vgl. Brecht, *Werke*, Bd. 18, S. 61.

69 Das Beispiel des „in den Genuß seiner eigenen Stimme versunkenen Sängers", das Brecht ergänzend noch anführt, scheint mir am ehesten auf einen Buchtitel von Max Dauthendey zu deuten, dessen *Gesammelte Werke* nicht lange vorher herausgekommen waren. Vgl. Max Dauthendey, *In sich versunkene Lieder im Laub: Ein Sommerbuch* (Berlin, 1908) sowie *Gesammelte Werke in sechs Bänden* (München, 1925); die betreffende Sammlung, nunmehr mit dem verkürzten und in der Schreibweise leicht veränderten Titel „Insichversunkene Lieder im Laub", findet sich Bd. IV, S. 291ff.

70 Brecht, *Werke*, Bd. 18, S. 55.

71 Vgl. ebd., S. 57.

72 Vgl. Kaufmann, S. 131, wo Rilke „unverkennbar eine Abgrenzung von der herrschenden imperialistischen Ideologie" bescheinigt wird.

73 Wie Anm. 70.

74 Schwarz, S. 60.

75 Vgl. ebd., S. 57; dort auch die Formulierung: „unbedingtes Bekenntnis zum *Status quo*."

76 Vom 6. 9. 1915; zit. nach *Materialien zu Rainer Maria Rilkes ‚Duineser Elegien'*. Hrsg. von Ulrich Fül-

leborn u. Manfred Engel. Erster Band: Selbstzeugnisse (Frankfurt, 1980), S. 130.

77 Rudolf Kassner, *Buch der Erinnerung* (Leipzig, 1938), S. 318; ders., *Umgang der Jahre* (Erlenbach-Zürich, 1949), S. 392.

78 Hugo von Hofmannsthal – Harry Graf Keßler, *Briefwechsel 1898–1929*. Hrsg. von Hilde Burger (Frankfurt, 1968), S. 315.

79 So Jost Hermand, *Der Schein des schönen Lebens: Studien zur Jahrhundertwende* (Frankfurt, 1972), S. 237.

80 Vgl. Hartung, S. 49, 51 u. 56.

81 Vgl. Schwarz, S. 90.

82 Hugo von Hofmannsthal, *Ausgewählte Werke in zwei Bänden*. Hrsg. von Rudolf Hirsch (Frankfurt, 1957), Bd. I, S. 22.

83 Vgl. Sautermeister, S. 84 bzw. 81.

84 Vgl. August Stahl [unter Mitarbeit von Werner Jost u. Reiner Marx], *Rilke-Kommentar zum lyrischen Werk* (München, 1978), S. 194.

85 Wie Anm. 76. Diese Formel begegnet also bezeichnenderweise im selben Brief an die Fürstin Thurn und Taxis, in dem Rilke sein Unverständnis für alles Geschichtliche beteuert.

86 Vgl. Brief an Witold Hulewicz vom 13. 11. 1925; zit. nach *Materialien zu Rainer Maria Rilkes ‚Duineser Elegien'*, S. 319.

87 Mason, S. 26.

88 Ich folge notgedrungen, hier wie auch später, Rilkes manierierter Schreibweise, wie sie in den *Sämtlichen Werken* beibehalten ist.

89 Vgl. Mathieu, *Dio nel ‚Libro d'ore'*, S. 221: „il futuro appartiene alla povertà."

90 Vgl. Schwarz, S. 61. Rilkes Arbeiter, der „in einer Fabrik angestellt [!]" ist, erklärt: „Ich arbeite im Schreibzimmer [!], manchmal habe ich auch an einer Maschine zu tun" (VI, 1125f.).

92 Schwarz, S. 62; dort auch das folgende Zitat.

92 Vgl. hierzu auch den Schluß meines Aufsatzes „Innere Emigration als Lebensform“, in *Exil und innere Emigration*. Hrsg. von Reinhold Grimm u. Jost Hermand (Frankfurt, 1972), S. 31 ff.

93 Wie Anm. 91.

94 Hermann Pongs, „Drei unveröffentlichte Briefe Rilkes“, *Dichtung und Volkstum*, 37 (1936), S. 100.

95 Ebd., S. 111 ff.

96 Vgl. Schwarz, S. 54 ff.; dort auch die folgenden Zitate (Hervorhebung von mir).

97 Dazu Schwarz, S. 56, Anm. 58: „Wer an die Aufschlußkraft von Metaphern glaubt, wird sich durch den Ausdruck ‚Varietäten‘ besondern angerührt finden. Er erinnert nämlich an den Zoo, der ja um so ‚besser‘ ist, je mehr Abarten der Tierwelt er beherbergt, wo man auch an der Reichhaltigkeit des Dargebotenen seine ‚Freude‘ hat, um Rilkes eigenes Vokabular zu verwenden. Hier wird tatsächlich niemand auf den Gedanken kommen, durch Beseitigung eines raren Vogels etwas ‚verbessern‘ zu können.“

98 Vgl. Wilhelm Lettenbauer, *Russische Literaturgeschichte* (Wien, 1955), S. 243.

99 Fyodor Dostoevsky, *Poor People and A Little Hero*. Transl., with an Introduction, by David Magarshack (Garden City, 1968), S. 137.

100 Vgl. Schwarz, S. 4.

101 Rilke, *Lettres milanaises*, S. 84 (Brief vom 17. 1. 1926).

102 Vgl. ebd., S. 97 (Brief vom 14. 2. 1926).

103 Vgl. Schwarz, S. 3.

104 Benn, S. 112.

105 Vgl. Gottfried Benn, *Gesammelte Werke in vier Bänden*. Hrsg. von Dieter Wellershoff (Wiesbaden, 1958 ff.), Bd. I, S. 479 f.

106 Schwarz, S. 80 f.; man vergleiche hierzu insgesamt den Abschnitt „Nationalismus“ im 4. Kapitel von Schwarz’ Buch.

107 Ebd., S. 103.
108 Vgl. Mason, S. 37.
109 Ich verweise noch einmal auf Schwarz, insbes. S. 62f., Anm. 71.
110 Zit. nach *Materialien zu Rainer Maria Rilkes ‚Duineser Elegien'*, S. 289.
111 Ebd., S. 320.
112 Vgl. ebd., S. 319f.
113 Vgl. ebd.
114 Schwarz, S. 52.
115 Vgl. ebd., S. 16.
116 Ebd., S. 57.
117 Vgl. Krolow, S. 99.
118 Vgl. etwa die Besprechung des Bandes *Rilke heute* durch Anna Lucia Giavotto Künkler, in *Studi germanici*, 14 (1976), S. 363ff.
119 So Wolfgang Bittner, „Ein Reiterfähnrich namens Christoph Rilke", in *Rilke?*, S. 116ff.; hier S. 120.
120 So Strelka, S. 17.
121 Zum Folgenden vgl. Holthusen, S. 1042f.
122 Gemeint ist *Rainer Maria Rilke 1875–1975: Eine Ausstellung des Deutschen Literaturarchivs im Schiller-Nationalmuseum Marbach a. N.* Besorgt von Joachim W. Storck [u. a.] (Stuttgart, 1975).
123 Vgl. Holthusen, S. 1043.
124 Vgl. Egon Schwarz, „Rainer Maria Rilke unter dem Nationalsozialismus", in *Rilke heute*, S. 287ff.; hier S. 299 u. 305.
125 Nicht unwichtig erscheint es mir in diesem Zusammenhang auch, zwischen italienischem Faschismus und deutschem Nationalsozialismus zu differenzieren; vgl. hierzu zuletzt Stanley G. Payne, *Fascism: Comparison and Definition* (Madison [u.] London, 1980), insbes. S. 101ff.
126 Tankred Dorst [unter Mitarbeit von Ursula Ehler], *Dorothea Merz* (Frankfurt, 1979 [erstmals 1976]), S. 221.
127 Vgl. ebd., S. 5.

128 Auf meine Frage, ob die zitierte Stelle auf einem persönlichen Erlebnis beruhe und wie ihr Verfasser überhaupt zu Rilke und dessen Werk stehe, antwortete mir Dorst unterm 4. 7. 1980: „An so eine Rilke-Veranstaltung mit dem Lehrer in meinem Dorf erinnere ich mich gut, ich habe sie noch einmal beschrieben in einem Film DIE REISE NACH STETTIN, der allerdings noch nicht gedreht worden ist, und vielleicht auch nicht gedreht wird, weil er zu kostspielig ist. In DOROTHEA MERZ ist die Szene stichwortartig notiert, als ob das ein Amateurfilm wäre: das habe ich gemacht um Regus, den Lehrer, zu charakterisieren, – diese Amateurfilme gab es in Wirklichkeit nicht." Zusammenfassend fügte Dorst hinzu: „Mein Verhältnis zu Rilke: früher, als ich 18 oder zwanzig war, war ich süchtig auf diese Verse, dann natürlich die Abkehrung vom vorher bewunderten und jetzt haben mich die Duineser Elegien wieder bewegt" (*sic*).

129 So Otto Heuschele, zit. nach Schwarz, „Rainer Maria Rilke unter dem Nationalsozialismus", S. 304; zum Nachweis vgl. ebd., S. 312.

130 Vgl. Krolow, S. 96.

131 Vgl. Manfred Starke, „Wo beginnt die Rilke-Legende? Die Konsolidierung einer literaturgeschichtlichen Wertung", in *Rilke-Studien*, S. 234.

131a Das tut er zwar leider nicht, doch ohne daß darum Dorsts Zeugnis an Gewicht verlöre. Man vergleiche die betreffende Stelle aus den „Entwürfen zu einem Fernsehfilm" *Die Reise nach Stettin* von 1975, die nunmehr in Nr. 16 der vom Württembergischen Staatstheater Stuttgart herausgegebenen *Stuttgarter Hefte* zugänglich ist.

Zimmer von Dr. Regus.
Bäuerliche Einrichtung. Auf Holzstühlen und auf einer Eckbank sitzen sechs Schüler und Schülerinnen: Heinrich, Hanna, Bernhard, Werner und eng beieinander 2 Mädchen.

Ein geschnitzter Leuchter, in dem eine Kerze brennt. Eine Schallplatte dreht sich: die Unvollendete. Alle sitzen still und horchend da.
Dr. Regus (nimmt, nachdem die Plattenseite zu Ende ist, den Tonarm ab).
Schweigen.
Dann nimmt Regus ein aufgeschlagenes kleines Buch vom Nachttisch und fragt leise: Will jemand lesen? – Du, Hanna?
Hanna: Nein, lieber nicht.
Regus sieht sich geduldig abwartend im Kreise um, alle sehen betont weg. Regus stellt sich nun mit dem Rilkebuch vor den Schrank und liest mit leiser weicher Stimme:

Alles wird wieder groß sein und gewaltig.
Die Lande einfach und die Wasser faltig,
die Bäume riesig und sehr klein die Mauern;
und in den Tälern, stark und vielgestaltig,
ein Volk von Hirten und von Ackerbauern.

Und keine Kirchen, welche Gott umklammern
wie einen Flüchtling und ihn dann bejammern
wie ein gefangenes und wundes Tier, –
die Häuser gastlich allen Einlaßklopfern
und ein Gefühl von unbegrenzten Opfern
in allem Handeln und in dir und mir.

Kein Jenseitswarten und kein Schaun nach drüben,
nur Sehnsucht, auch den Tod nicht zu entweihn
und dienend sich am Irdischen zu üben,
um seinen Händen nicht mehr neu zu sein.

(Langes Schweigen).
Regus (leise): Hanna – ?
Hanna: Ist das Gedicht von Rilke *für* oder gegen Gott?
Regus: Was meinst du, Heinrich?
Heinrich antwortet nicht.
Bernhard: Es ist gegen den Christengott, aber es ist ein religiöses Gedicht.
Heinrich sieht Bernhard an.
Werner sieht Heinrich an, sieht dann Bernhard an in der gleichen Weise wie Heinrich.
Hanna: Aber ich weiß nicht . . .
Regus: . . .Kirchen, welche Gott umklammern wie einen

Flüchtling und ihn dann bejammern wie ein gefangenes und wundes Tier ... Das ist doch großartig! Gott ist ein wundes Tier, das die Christen bejammern! Und den sie eingefangen haben! Weil er ein Flüchtling ist – ein Flüchtling nämlich ins Jenseits!
Hanna: Da widerspreche ich.
Regus: Sehn Sie mal, Hanna, da sind nun diese toten Häuser ... die dumpfen, irgendwie immer modrigen Gotteshäuser. Gott ist doch etwas viel größeres [*sic*] ... Gott ist doch nicht in diesen halbdunklen kalten Häusern! Gott ist im All! In der Natur ... im ewigen Werden: die ewige Erneuerung des Menschen, die Neugeburt, die Mutterschaft! ... Kommt Ihnen das nicht auch göttlicher vor, als in dunklen Räumen sitzen und Gebete murmeln? Sie als Frau ... sind doch die Trägerin des neuen Lebens ... ihr Mädels, ihr zukünftigen Frauen ... Heinrich! Du hast eine Frage?
Heinrich: Der Reim von Einlaßklopfern auf Opfern ist schlecht ... das ist gekünstelt.
Regus: Findest du?
Heinrich: Ein Wort wie Einlaßklopfer sollte in einem Gedicht nicht vorkommen. Durch den Reim wird es sogar noch besonders hervorgehoben.
Bernhard: Aber das ist ja das Fabelhafte! Die Bedeutung Rilkes als Dichter liegt ja auch darin, daß er ganz gewöhnliche Worte auf eine neue Weise verwendet hat! Einlaßklopfer finde ich an dieser Stelle gerade sehr gut!
Regus (zu den übrigen): Na, und was meint ihr?
Eins der Mädchen die nebeneinander sitzen [*sic*]: Es ist ein wunderbares Gedicht.

Anzumerken wäre allenfalls, daß Heinrich in die „Pfarrerstochter Hanna, die in Amerika aufgewachsen ist“, verliebt ist und daß auch sein Lehrer Regus „sich Hanna zu nähern versucht“; vgl. Tankred Dorst [unter Mitarbeit von Ursula Ehler], *Die Villa* (Stuttgart, 1980), S. 92f. u. 91.

132 Friedrich Nietzsche, *Werke in drei Bänden*. Hrsg. von Karl Schlechta (München, 1954ff.), Bd. II, S. 149.

133 Brecht, *Gesammelte Werke*, Bd. 12, S. 509.

134 Vgl. Hans Bunge, *Fragen Sie mehr über Brecht: Hanns Eisler im Gespräch* (München, 1970), S. 16; dort auch die folgenden beiden Zitate.

135 Vgl. dazu nochmals meinen in Anm. 58 genannten Band *Brecht und Nietzsche*, insbes. S. 232ff. sowie ergänzend S. 11ff.

136 Vgl. Brecht, *Gesammelte Werke*, Bd. 3, S. 1295; dort auch das folgende Zitat.

137 Wie Anm. 110.

138 Vgl. Brigitte L. Bradley, *Zu Rilkes ,Malte Laurids Brigge'* (Bern u. München, 1980), S. 38.

139 Hervorhebung von mir. – Während der Drucklegung wurde ich von Viktor Žmegač freundlicherweise noch auf seinen einschlägigen Beitrag aufmerksam gemacht. Doch so sehr ich mich sonst mit Žmegač einig weiß, seinem Plädoyer für Rilkes „Armut" vermag ich nicht zuzustimmen. Vgl. Viktor Žmegač, „Bemerkungen zur Rezeptionsgeschichte Rilkes", in *Literatur und Theater im Wilhelminischen Zeitalter*. Hrsg. von Hans-Peter Bayerdörfer u. a. (Tübingen, 1978), S. 62ff., insbes. S. 75f.

Hain

Viktor Žmegač (Hrsg.)

Deutsche Literatur der Jahrhundertwende

Neue Wissenschaftliche Bibliothek
Literaturwissenschaft Band 113
1981. Ca. 280 Seiten,
kt. ca. DM 38,– ISBN 3-445-02108-2
geb. ca. DM 54,– ISBN 3-445-12108-7

Durch das steigende Interesse für die Literatur und gesamte Kultur der Jahrzehnte um 1900, von denen entscheidende Impulse für das ganze Jahrhundert ausgegangen sind, erscheint eine Sichtung der bisherigen Forschungsergebnisse dringend notwendig.
Der Band macht die Epoche mit ihren Eigentümlichkeiten überschaubar: die einprägsame kulturhistorische Konstellation einer Zeit, die durch ein wohl einmaliges Nebeneinander und Gegeneinander von Kunstrichtungen und Stilkonzeptionen gekennzeichnet war: Symbolismus, Ästhetizismus, Naturalismus, Neuromantik, Impressionismus, Heimatkunst u. a. . . .
Es gelingt in diesem Buch in hervorragender Weise, sowohl diese Epoche als Ganzes zu charakterisieren, als auch die einzelnen Richtungen zu beschreiben.

Verlagsgruppe
Athenäum · Hain · Scriptor · Hanstein
Postfach 1220 · 6240 Königstein/Ts.

Hain

Klaus Bohnen

Der Essay als kritischer Spiegel

Georg Brandes und die deutsche Literatur
Eine Aufsatz-Sammlung
184 Seiten, DM 48,–
ISBN 3-445-02074-4

Der dänische Literaturhistoriker und Kritiker Georg Brandes (1842-1927) spielt als Vermittler, Anreger und Analytiker eine bedeutende Rolle in der deutschen Literatur. Seine Werke beeinflußten die Naturalisten, ebenso wie die Symbolisten oder den Wiener Kreis. Er war in den Jahrzehnten vor und nach der Jahrhundertwende die herausragende europäische Kritiker-Instanz.

Es ist das große Verdienst von Klaus Bohnen, die Sammlung der Essays von Georg Brandes ins Bewußtsein der literarischen Öffentlichkeit zu heben.

Es ist zu hoffen, daß damit auch eine Anregung gegeben wird für die längst fällige Geschichte seiner Wirkung in Deutschland.

Verlagsgruppe
Athenäum · Hain · Scriptor · Hanstein
Postfach 1220 · 6240 Königstein/Ts.

Athenäum

Egon Schwarz (Hrsg.)

Hermann Hesses »Steppenwolf«

Texte der deutschen Literatur in
wirkungsgeschichtlichen Zeugnissen, Band 6
Athenäum Taschenbücher
Literaturwissenschaft, AT 2150
1980. 240 Seiten, kt., DM 28,–
ISBN 3-7610-2150-X

Anhand eines besonders profilierten Werkes aus der Feder eines Schriftstellers, der mehr als je ein Deutscher in aller Welt gelesen wurde, Hermann Hesses *STEPPENWOLF,* werden hier Zusammenhänge aufgedeckt zwischen individuellen Rezeptionsvorgängen und bestimmten gesellschaftlichen Mustern, die für den „Zeitgeist" charakteristisch sind.

Am Beispiel des *STEPPENWOLF* lassen sich exemplarisch die literarischen Bedürfnisse, moralischen Vorurteile und utopischen Voraussetzungen der disparatesten sozialen Gruppen, vom deutschen Bildungsbürgertum bis zu den Hippies der amerikanischen Jugendbewegung, entwickeln.

Eine herausragende Dokumentation, für Lehre und Studium und alle literarisch Interessierten geeignet.

Verlagsgruppe
Athenäum · Hain · Scriptor · Hanstein
Postfach 1220 · 6240 Königstein/Ts.